【中华历史文化名楼】

# 滕王阁

宗九奇　徐忠　黄龙　编著

文物出版社

**图书在版编目（CIP）数据**

滕王阁 / 宗九奇，徐忠，黄龙编著.—北京：文物出版社，2012.9 （2018.12重印）
（中华历史文化名楼）

ISBN 978-7-5010-3557-1

Ⅰ.①滕…　Ⅱ.①宗…②徐…③黄…　Ⅲ.①楼阁—名胜古迹—介绍—南昌市　Ⅳ.①K928.74

中国版本图书馆CIP数据核字（2012）第218809号

中华历史文化名楼
## 滕王阁

编　　著：宗九奇　徐　忠　黄　龙

责任编辑：张冬妮

重印编辑：李　睿

责任印制：张道奇

封面设计：薛　宇

出版发行：文物出版社

社　　址：北京市东直门内北小街2号楼

邮　　编：100007

网　　址：http://www.wenwu.com

邮　　箱：web@wenwu.com

经　　销：新华书店

印　　刷：文物出版社印刷厂

开　　本：787×1092　1/16

印　　张：9

版　　次：2012年9月第1版

印　　次：2018年12月第2次印刷

书　　号：ISBN 978-7-5010-3557-1

定　　价：45.00元

# 《中华历史文化名楼》丛书编辑委员会

**主　　编：** 邹律资

**执行主编：** 张国保　李建平

**编　　委：**（按姓氏笔画排列）

冯子云　包　静　叶增奎　李安健　李建平

邹律资　张少林　张国保　徐　忠　黄二良

寇润平　韩剑峰　虞浩旭　霍学进

# 目　录

天籁阁藏宋画《滕王阁》

　　滕王阁，与黄鹤楼、岳阳楼并称"江南三大名楼"。唐永徽四年（公元 653 年），唐太宗之弟"滕王"李元婴任洪州都督时所创建，因初唐诗人王勃所作《滕王阁序》而名传千古。韩愈曾赞道："江南多临观之美，而滕王阁独为第一，有瑰伟绝特之称。"故又素享"西江第一楼"之美誉。

　　星移物换，人世沧桑，滕王阁迭废迭兴达 28 次之多。 1989 年 10 月 8 日（阴历"九·九"重阳节），第 29 次重建的滕王阁竣工落成。2001 年被评为"国家首批 4A 级旅游区"，2004 年被评为"国家重点风景名胜区"。

　　滕王阁，华夏古代文明的象征！

　　滕王阁，举世瞩目的历史名楼！

# 中华文化地标——滕王阁

## （代序）

宗九奇

鼎新滕阁枕碧流，王勃序文在上头。

雨卷云飞今古变，遗篇不朽话春秋。

　　说起古城南昌，人们就会想起滕王阁；来到古城南昌，必然要登临滕王阁。站在滔滔的赣水之滨，仰望碧瓦丹柱、斗栱层叠、飞檐翘角的57.5米高的主阁，和那两翼连体对称的百柱廊亭，宛如一个倚天耸立的大"山"字，令人心魄震荡；若从高空向下俯瞰，则像是一只意欲凌波西飞而去的巨大鲲鹏，叫人情思飞动。

　　这座以"滕王"命名的江南名楼，非衙署建筑，非宗教建筑，非商业建筑，非民居建筑，而是当年滕王为歌舞宴乐而兴的楼阁，是一座高雅的

艺术殿堂，是一处"阁以文传，盛世则兴"的文化胜地。此阁创建于初唐永徽四年（653），历唐宋元明清五朝，沧海桑田，盛衰频仍，1926年北伐战争终化为一片焦土。但是，虽历千载，依然盛誉不衰。纵观斯阁，历朝历代一旦颓塌焚毁，旋即有人重新修复，兴而废，废而兴，有文可考者达29次之多，如此现象，实乃史不多见。1989年10月8日（重阳节），按古建筑大师梁思成先生1942年所绘仿宋式《滕王阁重建计划草图》重新设计施工的新阁，终于竣工，举行落成大典，古城一片沸腾，万人空巷，盛况空前。

滕王阁，是一部读了千年、前朝后代不断修定再版的精典之作，是一部百读不厌、常看常新的不朽之作。无怪乎一位游学海外几十年的老学者，在重睹滕阁新姿时，无限感慨地说："我在海外也看过不少唐人街和中式建筑，但不很地道，看了滕王阁令人震撼，深感中华民族文化的'根'还是在大陆。"滕王阁，给我们留下了太多太多的思考，值得不断地去探究、去解密。

滕王创建，王勃作《序》，文以阁名，阁以文传。自大唐以来，滕王阁就作为中华文化地标巍然屹立于江之南、湖之滨，人文之风，常吹不断。韩愈在其《重修滕王阁记》中这样赞道："余少时，则闻江南多临观之美，而滕王阁独为第一，有'瑰伟绝特'之称。"故此阁素享"江南第一楼"之誉。

无滕王则名阁不在，无王勃则阁名不传。

滕王李元婴（？～684），是一位很值得探究的人物。他是高祖李渊的第二十二子，太宗之弟，贞观十三年（639）被封为滕王。据正史记载，其政声不佳，行为放纵。但他一生中，东奔西波，在许多的地方都当过不大不小的官，任过金州、苏州、洪州、滁州、寿州、隆州、梁州等地的刺史或都督，这似与其亲王、皇弟、皇叔的身份不符，给后人留下了许多疑团。他是唐睿宗文明元年（684）去世的，这年武则天建元为光宅元年。在多事之秋的初唐，能保首领以终，能经历高祖、太宗、高宗、中宗、睿宗几代，也是一种传奇，他都督洪州建阁时王勃才三岁，王勃死后他还活了八年。在传世的诗文中，讲滕王年少时认认真真读了些书，很有悟性，"工书画，妙音律，喜蝴蝶"，有"滕派蝶画"鼻祖之誉，唐人张彦远《历代名画记》、宋人《宣和画谱》中均有明确记载。或许是因为政治上失意而沉湎于酒色逸乐，或许是给人以假象，以避祸患，韬光养晦，充分体现其生存的智慧，这也不无可能。滕王阁本是李元婴为供其"游乐宴集"而建，但他怎么也想不到日后有"神童"王勃的惊世之作，不过客观上却给洪州留下了一笔宝贵的遗产，对南北文化交流以及江南歌舞的发展和繁荣起到了重要作用。

王勃（648~676），字子安，山西绛州龙门（今山西河津）人，有"神童"之誉，为"初唐四杰"之首。《旧唐书》说："勃六岁，解属文，构思无滞，词情英迈。"有关王勃重阳登阁作《序》的记载颇多，但究竟作于何时，历来亦有争议，大致有两说：一为十余岁所作；另一为二十多岁赴交阯省父路经南昌所作（后溺水受惊而死）。同为"四杰"的杨炯在《王子安集序》中云："年有十四，时誉斯归。"唐五代王定保《唐摭言》中说："王勃著《滕王阁序》，时年十四。"《新唐书》也有记载，未明言年龄，云："初，道出钟陵，九月九日都督大宴滕王阁，宿命其婿作序以夸客，因出纸笔遍请客，莫敢当。至勃，泛然不辞，都督怒，起更衣，遣吏伺其文辄报。一再报，语益奇，乃矍然曰：'天才也！'请遂成文，极欢罢。"这里的"初"乃"当

初"之意，若是诗人溺水身亡前，似不至于用此"初"字。那么作《序》时是否成年，恐怕最重要的是《序》中的内证，即"勃三尺微命，一介书生"、"童子何知，躬逢胜饯"之语。元代以前，认为是"神童"之作，有异议者几乎寥寥。王勃才高气盛，非谦虚之辈，六岁能文，九岁撰《指瑕》十卷指颜师古之失，十五岁《上刘右相书》中有"虽国有大命，不资童子之言"的话。成年且久负盛名的七尺男儿，谦卑得自称"三尺微命"、"童子何知"，恐非傲骨子安之所为。

神童一字，远胜冬烘万言。王《序》问世，阁名远播。历朝重建之阁，规模与规格不同，唐雄宋秀，而今阁空前。自唐以来，乃是游观、雅集、歌宴、拜诏、迎送、祭奠之地。墨客骚人题诗作赋相袭成风，莫不以登阁挥毫为快。即便未能亲临其地，或写梦中所见，或题绘阁之图，或遥贺新阁落成。他们指点江山，激扬文字，抒发思古之情、爱国之心、报国之志，名篇佳作难以胜数。诚如清代诗人尚镕《忆滕王阁》诗中所云："天下好山水，必有楼台收。山水与楼台，又须文字留。"

名景、名迹、名人、名作，令江南一阁享千秋不朽之誉！

物华天宝、人杰地灵的江西，赖文人之笔而传美于天下！

二〇一〇年八月二十三日

撰于滕王阁

# 滕王创建

  谈起南昌，人们就会想起滕王阁；来到南昌，也必然想登滕王阁。滕王阁坐落在老城区西，抚河与赣江的交汇处，依城临江，面对西山，它与湖北的黄鹤楼、湖南的岳阳楼，并称江南三大名楼。

  滕王阁的创建者，乃是唐太宗李世民的弟弟——滕王李元婴。唐贞观十三年（639）六月封为"滕王"，实封千户。据《旧唐书》、《新唐书》的记载，李元婴（？～684），唐高祖李渊之幼子（第二十二子），太宗之弟，其品行不端，无政绩可言。正史所载，不得不信，但史笔也未必面面俱到，况且与当朝者口味不符的东西往往会被隐去。固然类似小说《隋唐演义》中所云"忆昔滕王元婴，东征西讨，做下多少功业"，未必可信，但传世诗文中讲滕王年幼时认认真真读了些书，很有悟性，有多方面的才能，这应该不是假的。仅仅因滕王的胡作非为冒之以"文人无行"也未必妥帖，或者说因政治上失意而沉湎于酒色逸乐，乃至于给人假象以避祸患，也有可能。明人陈文烛在《重修滕王阁记》中说：

主阁东立面

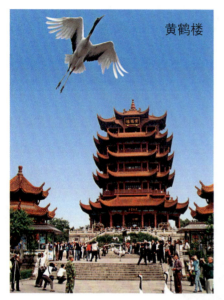
黄鹤楼

岳阳楼

滕王阁

"滕王阁者，唐高祖子元婴建也。永徽中，都督洪州。工书画，妙音律，喜蝴蝶，选芳渚游，乘青雀舸，极亭榭歌舞之盛，以王而名阁，系于封地也。"

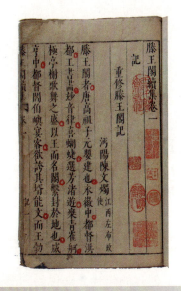

从这段话看，滕王颇有才情，是一位艺术家。他是一位丹青手，善画蝴蝶，这几乎是公认的，有"滕派蝶画"鼻祖之誉。唐人张彦远《历代名画记》、宋人《宣和画谱》中均有明确记载和评介。

关于滕王创建高阁的史实，确凿无疑；但

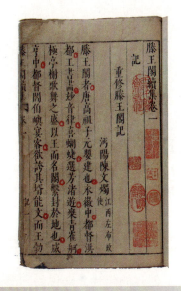

创建的年代，众说纷纭。归纳起来大致有以下三种说法：一为显庆四年（659）说，二为"阁成而滕王之封适至"说，三为永徽四年说。

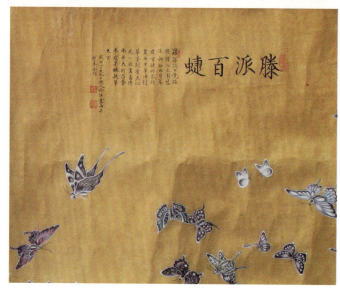

蝶画

　　唐人韦悫于大中二年（848）八月撰写的《重建滕王阁记》中写道："考寻结构之始，盖自永徽后时，滕王作苏州刺史转洪州都督之所营造也。"《旧唐书·李元婴传》明确记载：李元婴于"永徽三年（652），迁苏州刺史，寻转洪州都督……"创建杰阁的年代，近年学者多认定在永徽四年（653），与韦《记》不悖，这年正是滕王由苏州刺史"转"洪州都督之际，是比较可信的。唐高宗当政，贬皇叔"滕王"到南昌，阁之创建者在南昌任职不久，被谪置安徽滁州史，后来又去了四川阆州。滕王的一生，也是颠沛转徙的一生、折腾流离的一生。

滕王阁主阁巨匾

回祿熾其焰曾未竟夕煤烊秋蓬則斯閣之制
盪無餘矣其他廥簷之地接續郵亭甍棟縲連
疾颷一驚遂至延及公至是領徒夜出俾撤屋
開道毒焰方熾邏巡不能救翌日公乃往觀焉
召將按謂之曰吾幸得備位廉察不能懇求人
摸敬避天戒致火之患時予之幸遂審量日詳
度費務役不加重而焭徒湊事協于中而公用

省衆謂難集我方指期遂得鼛鼓不勝而築之
閣閣梓材並構而勢巳耽聆自非智用敏政齊
畫一則安能剏規模之豐麗如彼程制造之速
疾如此不有廢絕孰能興邦今接舊閣基址南
壯闊八丈今增九丈二尺其峻修比土際達閣
板高一丈二尺今增至一丈四尺閣板此舊長
一丈今增至一丈三尺中柱北上箺于屋脊長
二丈四尺今增至三丈□尺舊正閣通龜首東

---

瘉痍未復之前而妙于救藥煨燼巳成之末而
邊及經營況不奪農時不勤人力帑藏免竭日
時免賒觀之者咸謂神化翁忽殆非人力之所
為也憶夫環瓊特殊巍羲相扶似乘靈濤湧出
方壺壽夏崢嶸開閶闔琲玭用鎮遐俗尤光奥區
是必知後千百年閣之名與公之政俱垂不朽
矣至如江山之重複物產之充殷亭堂增葺以

雲蔓解署繕完而櫛比布在圖籍就能諗詳愚
今所以為異者但舉乎閣之廢矣自公復興而
巳其他壯麗形色備列諸公述作故不能一二
觀縷時大中執徐歲秋八月哉生明韋慈藏記

# 重建滕王閣記

讀滕王閣政初編記史略

唐　韋愨

鍾陵郡控連山大江環合州城揭起樓櫓遊之
者莫不目駭魂褫號爲一方勝槩先是郭背郭
不二百步有巨閣稱滕王者意夫峻修廣袤非
常製所能擬及考尋結構之始蓋自永徽後時
滕王作蘇州刺史轉洪州都督之所營造也距
今大中歲戊辰亦將垂三百年徒嘉乎飛翬夢

巒虎踞龍盤發地呈形與山同安會不知溫滌
必繁於天災與滕自叶於時數將利恢復果憑
智謀故我鷹門公按節廉問方須條詔令肅而
兵戎讋服政和而疲瘵昭蘇妙撫循則有祷稬
成雙之謠寬賦歛且無杼軸皆空之歎歲比善
熟俗臻治平故州民相與稱和繼而歌曰自公
之來闓闓見漼洽歆公之化若乳旣炙雉園喬里

西六間長七丈五尺今增至七間共長八丈六
尺闊二丈五尺固可謂宏廓顯敞殊形詭狀辇
弊崇新有如是乎況前通舟車迴瞰江嶺每飽
美景燕集歌散遷遠凝霄漢上帙雲雨即未
知三山之靈仙窟宅五湖之賢達浮沉其於歷
覽覯勝負槖又何如耳故自焚藝復樓小間
廣其郵驛廳事接以飛軒累榭架連楹
對峙高揭旁通江亭津館致巧衒能迴廊並抱

以交映邃宇相縈而不絕則是閣也冠八郡風
俗之最包四時物候之異春之日則花景鬭新
香風襲人憑高送歸極目蕩神夏之日則鸎舌
變嚌葉陰如幄棟紈扇罷搖綺牕堪夢秋之日則
露白山青當軒展屏涼風遠來沉醉易醒冬之
日期篘牖外雲滿幄中香煖耐棗樽好聽歌當
則斯閣之盛縱遊之美賞心樂事庸可冗乎夫

唐·韋愨《重建滕王閣記》

九重天凌霄古戏台

千禧鼎

千禧钟

# 何以称阁

　　滕王阁自唐初创建，迄今已 1300 多年，此楼阁一直被称为"滕王阁"。有人会问，阁名为何冠之以"滕王"，而不是别的什么？为什么称阁，而不叫楼？前一个问题历来说法不一，后一个问题则不难解答。

　　明代方志学家曹学《名胜志》载："阁成而滕王之封适至，因以名之。"这一说法，显然是错误的，因为《唐书·太宗纪》中记载得明明白白，李元婴封为"滕王"是贞观十三年（639）六月的事，距后来建阁相差十几年之久，距在四川阆州建亭相差四十余年。洪州创阁、阆州建亭，均以"滕王"名之，只不过是滕王所营建而已，是供其"游观宴集"之用罢了。

　　滕王李元婴是个风流帝子，游观宴集，纵情歌舞，终日寻欢作乐，甚至在为其兄太宗李世民居丧期间，仍然我行我素，照常"集官属燕饮歌舞，狎昵厮养"，他营建滕王阁的目的，只"不过骋游观、供宴赏已尔，非有风流善政"（见清·刘绎《重建滕王阁记》）。《隋唐演义》中云："忆昔滕王元婴，东征西讨，做下多少功业，后来为此地（洪州）刺史，牧民下土，

西南观主阁

北观主阁

极尽抚绥，黎庶不忘其德，故建此阁，以为千秋仪表。"小说之言，不足为据。《阆苑记》及《方舆胜览》并云："（滕）王刺隆州时，宏修衙宇，名曰'隆苑'（后因明皇讳，改阆州阆苑），建有'滕王亭'。是滕王在洪州建阁，在隆州建亭，均以滕王名，非因封王始名。"

是他本人命的名，或是其下属命的名，抑或是后人叫出来的，亦各有说法。《滕王阁志》云：阁成之日，因李元婴曾在贞观十三年被封为"滕王"，洪州官员以李元婴的封号而冠阁名，故称"滕王阁"，此说似较合乎情理。

滕王阁为何称"阁"，而不称楼呢？楼与阁在形制上不易明确区

大台座石栏杆

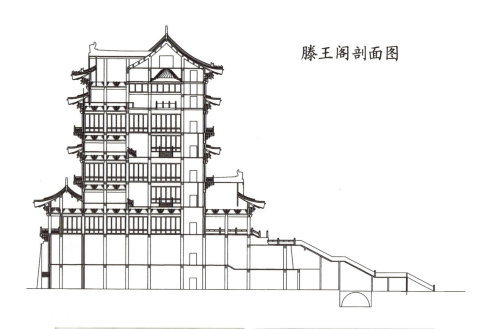

滕王阁剖面图

清·刘绎《重建滕王阁记》

分，人们也常常将"楼阁"二字连用。"楼"是重屋，上下都可以住人。"阁"是架空的楼，不同于一般的"楼"。"阁"是由干阑建筑（即以树干为栏的木阁楼，曰"干阑"，亦作"干栏"）演变而来。古代关于阁的记载比较多而且早，一般是指底层空着或做次要用途，而上层做主要用途的单体建筑，供贮藏或观览之用。一般的阁都带有平坐，这平坐也可以说是楼与阁的主要区别之所在。阁架空后，可防潮取势，有优于普通重屋之处。滕王创建之阁"峻修广袤，非常制所能拟及"（唐·韦悫《重修滕王阁记》），背城临江，高踞丘冈，架空营造，所以是"阁"而非"楼"。第29次新落成的滕王阁，亦按"阁"的形制设计，设有近10米的高台平坐，平坐之上为阁之主体建筑。

滕王阁东立面图

# 王勃作序

天下好山水，必有楼台收。

山水与楼台，又须文字留。

黄鹤盘鄂渚，岳阳据巴邱。

吾乡滕王阁，鼎足成千秋……

自到江湖来，外人咨不休。

倘非子安序，此阁成荒陬……

——尚镕《滕王阁》

一座以滕王命名的楼阁，沧海桑田，兴废频仍，然而历千载而盛誉不衰。一旦颓塌焚毁，旋即有人重新修复，兴兴废废，有文可考者达 29 次之多，如此之现象，实乃史不多见。原因何在，颇费思索。

滕王阁千载盛誉不衰的原因究竟何在呢？既非因创建者李元婴，也非其"得山川之胜"。篇首清代诗人尚在诗中作了极好的回答。原因就在于

《时来风送滕王阁》雕塑

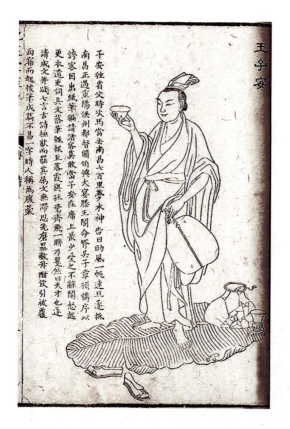

初唐四杰之一的王勃写了一篇脍炙人口的千古绝唱《秋日登洪府滕王阁饯别序》（简称《滕王阁序》）。据传，神童子安即席挥毫，"年十有四，时誉斯归"（杨炯语）。此文有如石破天惊，顿令滕王阁名噪天下。

王勃，字子安，绛州龙门（治今山西河津）人。王勃《春思赋》序文说："咸亨二年，余春秋二十有二。"据此上推，勃当生于永徽元年（650），卒于唐高宗上元二年（676），终年26岁。

王勃出身于书香世家。从勃起上推八世，多数世祖居官，谈到著述则八世以来世世皆有。八世祖王玄则著有《时变论》，七世祖王涣有《五经决录》，六世祖王虬有《政大论》，五世祖王彦有《政小论》，四世祖王一有《皇极说义》，曾祖王隆有《兴衰要论》。祖父王通，是隋末大学者、大教育家，述作有《元经》、《中说》。父亲王福，在唐历任太常博士、雍州司功参军、六合及交二县令，以及齐州、泽州二长史，撰《王氏家书杂录》。王福生六子，勃排行第三。

苏东坡书《滕王阁诗序》（《晚香堂苏帖》）

　　王勃是一位神童,《旧唐书》说:"勃六岁,解属文,构思无滞,词情英迈。"与王勃同时代并齐名的杨炯在其撰写的《王子安集序》中述道:"年十四,时誉斯归。太常刘公,巡行风俗,见而异之,曰:此神童也。因加表荐,对策高节,拜为朝散郎。"这"时誉"是怎么"归"的,怎么又在14岁这一年"归",杨炯没有具体说明,后世许多学者以为这可能与王勃14岁在滕王阁宴会上即席写出《滕王阁序》有密切关系。

　　关于王勃作《滕王阁序》,还有一个美妙的传说。明朝冯梦龙的《醒世恒言》第40回"马当神风送滕王阁"称:唐,阎伯屿为洪州(南昌)牧,重修滕阁,9月9日宴宾僚于阁,欲夸其婿吴子章才,令宿构序。时王勃省父,坐船逆长江而上,来到江西与安徽交界处的马当山,突遇风浪,就地泊下,这儿离南昌水路有700里,水神托梦告诉他:我助你一帆风顺,即日可到南昌,可赶上为新修的滕王阁作序的盛会。正因为有马当神风送王勃到滕王阁,才有了传颂千古的《滕王阁序》。

　　关于《滕王阁序》究竟是何时所作,历来颇有争议,大致有两种说法:一说是王勃十三四岁省其父至江西而路经南昌所作,另一说王勃赴交省父而路经南昌所作。唐末南昌人王定保在《唐摭言》中记道:"王勃著《滕王阁序》,时年十四。"宋代李等《太平广记(一七五)》对王勃作序的年龄(13岁)以及作序的故事记之甚详。近人聂文郁《王勃诗解·王勃年谱》中,对王勃14岁作序亦有考辨。在元代以前,认为是王勃"神童"之作,有异议者几乎寥寥。直到清代姚大荣《王子安年谱》面世后,才将《滕王阁序》说成是晚期之作,即赴交省亲、溺水受惊而亡之前不久的作品。

　　王勃才高气盛,非谦虚之辈,6岁能文,9岁撰《指瑕》十卷指颜师古《汉

书》注文之失，15 岁有《上刘右相书》（中有"虽国有大命，不资童子之言"的话）。成年且负盛名的七尺男儿谦卑得自称"三尺微命"、"童子何知"（《序》中语），恐非王勃之所为。笔者倾向《滕王阁序》为 14 岁作品的传统说法。

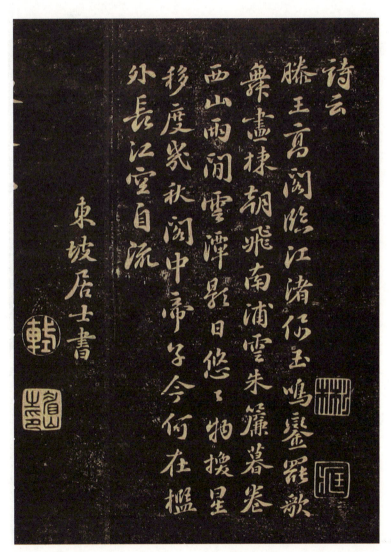

苏东坡书《滕王阁诗序》（《晚香堂苏帖》）

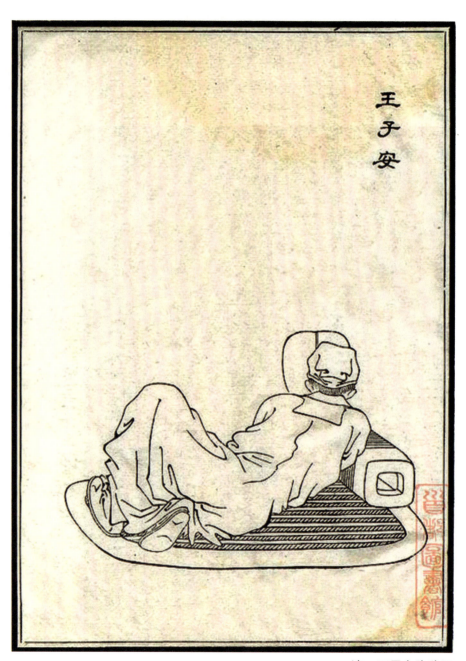

清·王子安腹稿图

# 韩愈为记

南昌有佳美的山水，丰饶的物产，为南方昌盛之地。滕王李元婴由苏州来此地不久，就在赣水之滨兴建了"上出重霄"、"下临无地"的杰阁。临观之美，江南首屈一指。神童王勃乘风而至，参加重九盛会，即席挥毫，写下了《滕王阁序》。名区、名人、名作，令江南一阁享千秋不朽之誉。

"江山之好，亦赖文章相助。"文思之妙，触景而发。当年若无"四美"

韩愈碑局部

（美景、良辰、赏心、乐事）、"二难"（贤主、佳宾）俱备的话，恐怕王勃才思再敏捷，也是无米之炊，难以激发创作的灵感，写出洋洋洒洒的大文。千百年来，许多人正是从《滕王阁序》中开始认识江西、认识南昌，正是这位神童的生花之笔引得人们慕名接踵而来。

王勃不幸谢世8年后，滕王李元婴也于唐武则天元年（684）薨。人亡物在，贞元六年（790），山西太原人氏中书舍人王仲舒始来南昌，值新修之阁落成，作《滕王阁记》（今佚）书于壁间，又王绪作《滕王阁赋》（今佚），并王勃所作的《滕王阁序》，合称为"三王文章"。30年以后，即唐元和十五年（820），王仲舒奉唐宪宗李纯之命，以御史中丞的身份，二度来南昌，任江南西道观察使，于7月抵达。其岁9月，王仲舒与监军使、文武幕僚，宴集于滕王阁。此时之阁，非彼30年前之阁，梁柱、椽角腐黑，盖瓦、砖阶残缺，彩绘也漶漫不鲜，几乎成一座危阁。酒过三巡，与宴的官员提道："这座大屋，若不修葺，势必倒塌。上次重修时，公曾写有《记》文，现仍镌刻在壁。公30年后的今日，又来宴此阁，岂能无动于衷呢？"

唐·韩愈《新修滕王阁记》碑

王仲舒当即允诺，决定重修斯阁。

尔后，经过一个多月的修葺，于10月告竣。重修之阁，既恢复了原貌，又不废后人的瞻观。完功庆宴，时有幕僚进言道："立功者必待立言以传，此次重修之盛举，又岂可无文以记？"王仲舒自忖：群公所言有理，盛举不可无文以记，但文字又当出自大手笔方好。于是想到了"文起八代之衰"的韩退之，此时他正在属下的袁州任刺史，何不请其出手为记呢！于是立

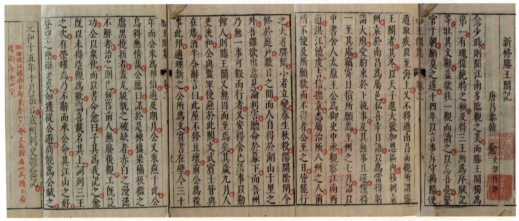

唐·韩愈《新修滕王阁记》

瓷盘画《滕王阁》

即致书，派遣使者，驰往袁州求文。

韩愈（768~824），字退之，河南河阳（今孟县南）人。其郡望为昌黎，故自称"昌黎韩愈"，后人称其为"韩昌黎"。韩愈收到王仲舒的信，拆开一看，寒暄问候数语后，便是直率地求其撰写《新修滕王阁记》的话语。他思忖道：

"愈少时，则闻江南多临观之美，而滕王阁独为第一，有瑰伟绝特之称。昔日已有三王之文名扬海内，于今我亦能载名其上，词列三王之次，实乃荣耀之至。"于是，欣然命笔，一气呵成，写出了《新修滕王阁记》。

韩愈为《记》之时，年已五十有二。他少时即慕杰阁之名，后又读过三王之文，但是登阁的愿望始终未能如愿以偿。一位未曾登临杰阁，而又写出了传诵千古的记文，恐怕也可算得上是名楼的"一绝"。韩公为《记》的这年冬天，又奉旨离任赴京，过南昌城北的石头驿时曾留有诗作。4年后，即在长庆四年（824）不幸病故，终年56岁。

# 千载兴废

1000多年来，滕王阁饱经人世沧桑，迭兴迭废，迭废迭兴，所受到的折腾是天下名楼中很少见的。它既经历了歌舞升平的昌盛年代，也渡过了满目疮痍的艰难岁月。这一枝中国建筑之花，饱尝治乱风雨，开而复谢，谢而又开。正如明代解学龙在其《滕王阁记》中所云：

游新民绘《唐·滕王阁》

# 滕王阁

"昔唐高祖之子元婴，出为洪州刺史，负风流之资，乘兴王之气，暇日，泛青雀舫，涉江皋，遂就章水之滨，创建高阁，以济登临。……斯阁自唐以来，春夏屡更，沧桑代变……其倾圮者，不知几时；而修葺者，亦不知几人！"

幸有前人文章在，考其千载兴废，尚可知端倪、理头绪。

唐阁图【见《唐诗选话本》嵩山房版（1832年）】

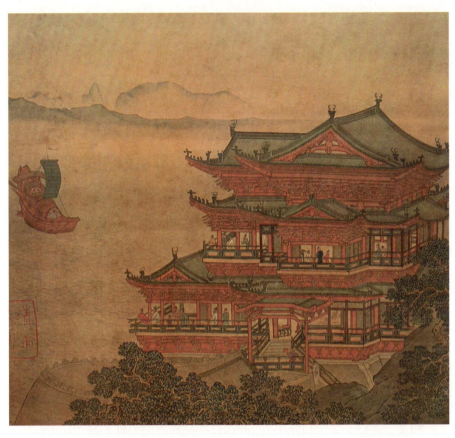

宋阁图

　　据现有的史料考证，滕王阁历经唐、宋、元、明、清几个封建王朝，直到民国十五年（1926）终毁于兵燹，其间1000多年，创而修，修而毁，毁而建，迭废迭兴达28次之多，至1989年10月则第29次重建。

　　唐代的兴废情况如下：

　　唐高宗永徽年间（一般认为是永徽四年，即653年），滕王李元婴创建；

　　唐高宗上元二年（675），洪州都督阎公重修，一说咸亨初重修；

　　唐德宗贞元六年（790），中书舍人王仲舒重修；

唐宪宗元和十五年（820），中书舍人王仲舒时任御使中丞，视察江南西道，见阁将圮，再度重修；

唐宣宗大中二年（848）夏，阁首次毁于火。江西观察使纪干众率众扑救不果，当即决定重建，至次年秋8月竣工。

宋代的兴废情况如下：

宋徽宗大观二年（1108），侍郎范坦帅江西时重建；

南宋时，滕王阁移建城墙上。《江城名迹记》引范成大语："余至南昌，登滕王阁，其故甚侈，今但于城上作大堂耳。"元人姚燧《新修滕王阁记》谓宋阁"其基城为阁……大抵非唐屋矣"。均可证宋南渡后已移建城墙之上，惜南宋无《记》传世，不详其始末。

元代的兴废情况如下：

元世祖至元三十一年（1294），裕皇太后出资重建；

元顺帝元统二年（1334），平章马合睦重建，12月动工，次年5月落成。

明代的兴废情况如下：

明英宗正统元年（1436），江西布政使吴润在阁旧址上筑"迎恩堂"，也称"迎恩馆"，人们虽仍旧视之为滕王阁，但名实俱亡了；

明代宗景泰三年（1452），迎恩馆毁于火，江西巡抚韩雍于馆之东，改构"西江第一楼"，取韩愈《记》中语意名之，"庶几昔之所谓阁者"；

明宪宗成化元年（1465），布政使翁世资锐意重建，乃于成化四年（1468）五月正式重修，同年十月落成，复"滕王阁"名；

明神宗万历十五年（1587），南昌太守范涞重建（陈文烛《记》云："今皇上御极十有五年……丁亥之秋，阁方理新。"王咨臣《滕王阁兴废系年考》

误为嘉靖六年丁亥）；

明神宗万历二十七年（1599），巡抚夏良心主持重修，一说为王佐主修；

明神宗万历四十四年（1616），左布政使王在晋重建；

明思宗崇祯六年（1633），巡抚解学龙捐俸重修，始于五月，终于八月。

清代的兴废情况如下：

清世祖顺治五年（1648）五月，阁毁于兵燹；

清世祖顺治十一年（1654），巡抚蔡士英重建，十一月动工，次年正

元阁图之一（夏永绘）

滕王高阁图（明人林灵岩临赵伯驹本）

月竣工；

清圣祖康熙十八年（1679）十二月毁于火，安世鼎再次重建。康熙二十四年（1685），阁毁于火，中丞宋荦当年经始重建，次年落成。康熙四十五年（1706），阁又遭火焚，巡抚郎廷极重建；

清世宗雍正九年（1731），阁毁；

清高宗乾隆元年（1736），总督赵宏恩、巡抚俞兆岳重建。乾隆八年（1743），江西布政使彭家屏重修。乾隆五十二年（1787），阁圮，大中丞何裕城重建，次年落成；

清仁宗嘉庆十年（1805），大中丞秦丞恩重修。嘉庆十七年（1812），布政使陈预重修；

清宣宗道光二十六年（1846），阁遭火灾，当年重修。道光二十八年（1848），阁复遭焚，傅绳勋重建；

清文宗咸丰三年（1853）五月，阁遭兵燹，荡然无存；

清穆宗同治十一年（1872），巡抚刘坤一重建，次年九月落成；

清德宗光绪三十四年（1908），阁遭火焚；

清溥仪宣统元年（1909），重予修建，规模大逊于前。

民国十五年（1926）十月十二日大火，延烧3日，千载古阁兵燹中化为灰烬。

综上所述可知，唐代创建、重修、毁圮、重建5次，宋代2次，元代2次，明代8次，清代18次，民国1次，总计36次（其中立毁立建者仅1次，超过一年者则按其兴废次数分别计算，一般所云的28次兴废之数计算方法与此有别）。

汇西滕王阁（霞若赠）
King Tang's Tower. Kiangse.

滕王阁门楼照（1915 年
《东方杂志》）

滕王阁（《晚香堂苏帖》）

滕王阁门前照（日本人山根倬三摄）

1926年摄滕王阁照

江西滕王阁（瓷版画，1936 年绘）

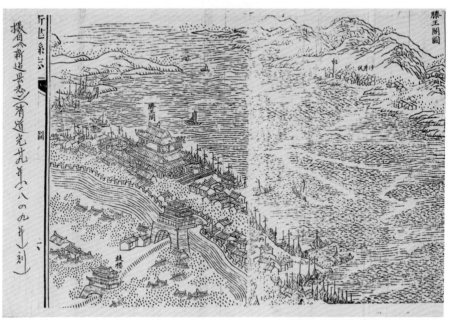

滕王阁图（《新建县志》）

滕王阁图（《南昌府志》）

# 阁记一览

在1300多年的岁月中，由于种种原因，毁了28次，毁后又重建重修。每次毁后重建重修，大多数有记，至今流传下来的有不少，还有只留下记文标题及作者之名，而正文却已散佚的。现将可考的情况，列之如下：

一、唐贞元六年（790）重建，王仲舒撰《滕王阁记》（已佚）；

二、唐元和十五年（820）重修，韩愈撰《新修滕王阁记》；

三、唐大中二年（848）重修，韦悫、封敖分别撰《重建滕王阁记》（封《记》已佚）；

四、宋大观二年（1108）重建，范致虚撰《重建滕王阁记》。南宋改建城上无记，《江城名迹记》有记载；

五、元至元三十一年（1294）重建，姚燧撰《新滕王阁记》；

六、元元统二年（1334）重建，虞集撰《重建滕王阁记》；

七、明正统元年（1436），因阁址构筑迎恩馆，陈循撰《重新迎恩馆记》中提及；

八、 明景泰三年（1452），因迎恩馆旧址重建，迎恩馆及西江第一楼二名并存，陈循撰《重新迎恩馆记》，李奎、萧镃、刘俨分别撰《西江第一楼记》；

九、 明成化四年（1468）重建，复滕王阁旧名，谢一夔撰《重修滕王阁记》；

十、 明嘉靖六年（1527）重建，罗钦顺撰《重建滕王阁记》；

十一、 明万历十五年（1587）重修，陈文烛撰《重修滕王阁记》；

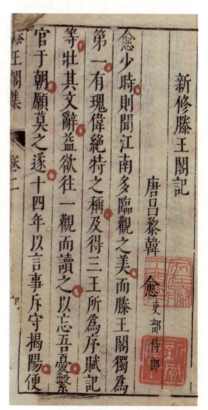

清版《滕王阁集》页面

而睨壁間之刻尚有得於浩然獨存者以接邪
人于道以恢崇人文發揮世業雖閣前日閣也
江山前日江山也昔者人謂斯何今者人謂斯
何左丞范致虛記

滕王閣集　　　卷二　　十

附見焉江南第一覩偉絕特之處奧千年間出
之昌黎伯同一淵然之光蒸然之色眞可作配
而王之江山爲不孤矣嗚呼不有韓也此江山
此閣固在而江山之好江山之外之好韓之未
作與韓之旣作不同也不有韓之記也此閣此
序同傳而文特專美不同也世道不古文章隳
之專美與記專美時變有可爲長太息者矣佇立
極目勝槩與懷時變有可爲長太息者

特書之居中位正以示森嚴而泝洄溯穆王也姑
此一大事尚須釐正爲千古計敬取韓記大書
有漕藩之責追惟先儒濂溪翁亦既作之精舍
漢以來先不但一代耳萬里被命來洪兼
而左始爲韓記是知王於韓先就知韓遂爲泰
燭於人人斯閣所表顯亦惟舉目首見王序顧
序甚習韓之記友若薄滋味曾有不盛於梅引

知制誥同修國史姚燧記

風馬雲車遨狩八極過而一息者人則不得而
知也至元三十一年奉政大夫前翰林直學士
王閣者蓋不敢求勝朝人又以見皇太后之仁
持易其故敗毀非若今出錢隆福宮一瓦一木不
於八州亦無有二十八城之遠之衆葺者弘中
又不足並也觀察非有是之尊所觀察地止
于視裕皇爲世祖元嫡今天子皇子其位與聖
所不可踐者才十三分有一此不足也滕王高祖

也嗚呼得公記之傳盛矣當何如哉記者之幸
閣之不幸也雖然事有可知而不可知曰可知
而言龍興南兩都數千里非乘興所出尹府之
臣圖閣之上必經賢鑒兒或者裕皇在天從先王

記十三

重建滕王閣記

　　　　　　　　元虞

國朝分建行中書省其鎮乎江
治焉郡城之上有曰滕王閣者
西山之勝自唐永徽至元和十
年之間其重修而可知者昌黎

## 重建滕王閣記

宋建陽范致虛　知洪州以龍圖閣學士任

滕王閣在郡城之西滕王元嬰所建也元嬰無
赫赫功業而閣以王名迄今不易者非以其得
江山之勝歟觀之美歟當武憑高而四觀景物
之富固不之矣而其所謂競秀爭流者未之兼
得也獨於其西有山焉雲煙葱瓏巖岫翁鬱千
態萬狀畢獻於其前有江焉則波濤浩渺島嶼
坡陀春漲秋澄橫陳於其下巋然傑閣蓋一覽
而盡有之茲其名所以竝傳而不泯閣距于
城門西北一百八十步元和十五年王仲舒復
修大中初復焚觀察使紀于泉鴻工崇成東西
增舊規丈有一尺南北增二丈上下三層自地
至屋極凡增九十餘尺僅四百年閣復壞侍郎
大中後至宋大觀戊子禮部侍郎封敖記焉自
范坦帥江西又命新之爲屋廣八筵修十八筵

有奇崇三十有八尺廣舊基四十尺增高十之
一南北因城以爲廡夾以二亭南邁大江之雄
曰歷江北擅西山之秀日把翠堂皇皇之峻丹雘
之華至者觀駭閣中舊刻王勃序古心江萬艘
將漕日易置居後取韓文公所爲記列于前且
爲跋吾云唐之文三變而至韓韓之文一倡而
送古緒章繪句如王所爲序則其未變時也未

## 新滕王閣記

元姚燧學士

龍興卽唐之洪宋之隆興世祖賜今名以封裕
皇者也故閣省于是其治所及北始江而南際
于海三千里其俯而聽命者龍興之康江撫爲
瑞吉贛臨江安南雄建昌韶廣潮惠循梅爲
德慶爲總管二十英德南豐富寧南恩封肇慶
八州凡二十有八城又封裕皇弟安西王于
吉北安王于臨江贛伊茅土相錯敦令相及所
以強本固盤石也故龍興爲大藩于天下其基
城爲閣乃唐滕王元嬰所爲王弘中觀察江西
已一葺之韓文公記其上終唐歷五代宋不廢
大抵非唐屋矣省臣見今風雨凌震襄楠腐落
日不治將傾乃請皇太后出隆福宮五千緡始
爲重屋大其故制之雷九欐飛陞顯卽深以五
延崇以七尋其勢則山出而雲飛矣落成之日

省之一二公輿尹是府各偕其屬攜燧登江
山數百里官寺民廬十萬區皆列之檻戸一鵬
相屬曰壯哉是觀太后之賜也令始落成而子
適至宜爲燧曰弘中之没不知其幾葺人莫
有記蓋不爲記之亞也何爲記者也乃勇於數
百年人所不爲者乎然惜公不生是時也五帝
三王茲峰茫一天下者秦漢晉唐宋六家

清版《滕王閣集》頁面

十二、明万历二十年（1592）重修，张位撰《重修滕王阁记》；

十三、明万历四十四年（1616）重建，王在晋撰《重建滕王阁碑记》（1618）；

十四、明崇祯六年（1633）重建，解学龙撰《滕王阁记》，邹维琏撰《重造滕王新阁记》，王思任撰《新修滕王阁记》（1634年作），方大美、夏良心分别撰《重修滕王阁记》（均已佚）；

十五、清顺治十一年（1655）重建，蔡士英撰《重建滕王阁自记》，应蔡公之请，范文程、李明睿、张能鳞分别撰《重建滕王阁记》；

十六、清康熙十八年（1679）、二十一年（1682）、二十四年（1685）、

四十五年（1706），乾隆元年（1736）、八年（1743）、五十二年（1787），嘉庆十年（1805），先后8次重建，均未见记文，仅王士祯《渔洋年谱》、朱銮《江城旧事》、魏元旷主修的《南昌县志》有记载而已；

十七、清嘉庆十七年（1812）重建，陈预撰《重修滕王阁记》；

十八、清道光二十六年（1846）、二十八年（1848）两次重建，《新建县志》、《滕王阁考初编》有记载；

十九、清同治十一年（1872）重建，刘坤一与刘绎分别撰《重建滕王阁记》；

二十、清宣统元年（1909）重建，撰记勒石。石佚，辛际周《滕阁脞

清版《滕王阁集》页面

47

谭》有记载。

历代重建重修滕王阁记文，基本上是官员所撰写。古代以文取仕，这些官员也都是当时的名儒学士。其中韩愈、虞集、罗钦顺等人的名气最大。这些记文是研究滕王阁历史的重要文献，虽然某些篇章也存在一定的错误，亦有以讹传讹处，但总的来说是可信的。它们记叙了历代兴废的缘由、阁址的变迁、阁之规模、功能及景观等。唐、宋、元三朝的重建记文，将当时新修之阁的平面及立面的尺寸记述得非常具体，这对研究江南古建筑也极有价值。清初蔡士英的《自记》中，对规划布局作了阐述，乃至对匾额的数量及文字都作了记载，这对后来的重建工程起到了一定的借鉴和指导作用。

1989 年 10 月 8 日第 29 次重建之阁落成，由于种种原因而无《记》，仅有豫章散人所撰《重建滕王阁铭》一文代记。

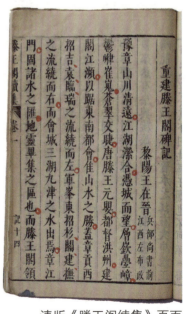

清版《滕王阁续集》页面

## 修滕王閣記

新建張　位　大學士　誌文
　　　　　　　　端

大中丞王公撫治江右之明年殿當卷陳章城
西滕王閣則見檻礎歅毗增除湫隘無以稱覯
瑋絕特之觀乃與巡臺樊潘諸公謀爰命有
司葺而新之費取贖鍰市材募役毋損公賦毋
烦公家閣前增築雲路臺環縈石楫上構飛甍陽
概以便遠眺宏敞軒豁煌煌乎稱壯麗矣時維

## 重建滕王閣自記

余辫時讀王子安滕王閣序見其源中令念衙州
川狀都邑之瑰麗島嶼人文之美秀氣之凝
航雲舸舳前魚龍雜擇未嘗不挱寒汀雀
而不能釋也蓋異日者或有事于西南即紆道猶將
縱娱馬記悥詳叩節鈹出撫是邦愛
及下車鐵務乞靖率省散所謂珈頻坦所謂滕
之日報私自喜以為而令而後得觀所謂滕王閣矣
王閣者上餘夏草筑橾瓦礫迷離山耳曰詠子安詩
令之

自記一

## 滕王閣續集卷一

### 重修滕王閣記

沔陽陳文燭　使　江西左布政

滕王閣者唐高祖子元嬰建也永徽中都督洪
都工書善畫妙音律喜蝴蝶選芳渚遊蔡青崔嗣
極亭中都督楔歌舞之盛以王而名閣縈封於地也威
亭中都督閣伯嶼宴客欲誇其壻能文而王勃

記一

## 重建滕王閣記

泰和羅欽順　尚書

滕王閣自唐永徽中創建其後蓋屢廢而屢興
南昌之版圖初入我國朝遺構猶在
聖祖親征鄱陽諸將領乃而頹壞以
盖遺址亦頹淪于江正統初布政使吳公潤始
于其地築館作迎恩之堂後建重屋取韓記中語音名曰西江

記十七

清版《滕王阁续集》页面及补缺手抄

舊觀歲壬申乃

之役越癸酉秋

□重修滕王閣

落成不費民財

不勞民力規制

仍舊而氣象聿

新觀者俳佪而

興起焉邦人感

謂繹曰子奉

中丞命重俻通

志此盛舉烏可

記前後暉暎而

滕王遂以閣傳

然則江山之好

亦賴文章為助

古今不朽之業

其必有籍以存

乎嘗讀二公文

流連俯仰感身

世之遭逢國寄

所記有慨乎其

言之自唐而後

重建滕王
閣記

今上御極之三
年金陵匠定大
江西南有維新
之象明年
特命中丞劉公
撫我疆宇扶衰
起敝綏輯而繕
完之數年之閒
百廢具舉會城

以不記夫是閣
也創自滕王元
嬰不過騁游觀
供宴賞己尔非
有流風善攻呈
係謳思即後之
閣公六豈於滕
王有景行之慕
得王子安詩序
以嘉辰盛集
以紀一時勝會

清《重建滕王閣记》碑之一

51

江干尚及一丹

遊已非昔日規

模至咸豐初遭

學冠蹂躪繹適

被皆辦團練之

則數椽揩挂而

己乃令得遇大

中丞以緯武経

文之才締造我

鄉邦歸然復見

邦人士庇中

丞之德澤而長

游于

盛治巍煥之中

則桑榆未晚尚

得躋攀而蹈詠

之、

同治十二年癸

酉秋九月永豐

劉繹記

新建夏獻徵書

作者代興己不
免碑殘而簡斷
繹何人敢希嗣
響顧念自弱冠
逐隊省闈即嘗
遊是閣其時在
嘉慶癸酉以後
重修未久棟宇
猶煥王之詩序
韓之記㸃然懸
校屏間迨道光

南浦西山之暎
裝不可謂非厚
幸迴憶五十餘
年中前後癈興
迭見吾身之驚
喜憂樂若與是
閣相循環往復
以視王子安之
旅遊韓文公顏
遊而不得果遊
者其意境為何

清《重建滕王阁记》碑之二

重建滕王阁铭

江南三楼斯阁为首永徽四年滕王创就

王勃作序传美于后国运若何鹜此名楼

陵谷沧桑移易今幸逢新阁仿宋历历江枕流

北伐绥毁云今幸重楼新阁仿宋历历江枕流

南浦飞云栖嶺横秀难谍高台上有居楼

歌山耸碧元簋承露巨龙正吻脊遗灵瑞

丹枔梁栋雕窗别遶栏送目天地悠悠

挥今追昔尚怀乐忧遍心瀝血玉度春秋

江西福连绫工携手常熟西安巧近装修

蒸咸大典对维亨九瑰伟再现千古不朽

一九八九年岁在己巳重阳　豫章散人撰书

重建滕王阁铭

# 滕阁功能

纵观滕王阁的历史，屡废屡兴，千盛誉不衰，滕王李元婴当年创建这座"瑰伟绝特"的江南名楼，其主观上不过是"极亭榭歌舞之盛"，但是，这位历六世的亲王怎么也想不到，自神童王勃一《序》后，名声远播成了不朽之阁，而且其功能大大超出了他的初衷。历朝历代重建之阁及其附属

滕王阁春景

建筑，规模与规格不一样，但基本上是官建官管官用。这座文化大殿堂，在历史上曾是游观、雅集、歌宴、拜诏、迎送、祭奠之地。当今，则仍然是具有多功能的千古名楼。下面，就其六大历史功能，简略地说一说。

一、登临观赏的佳境。杰阁犹存帝子名，登临不尽古今情。滕王阁，由于建筑在赣江东岸的冈峦之上，诚如王勃所云"层台耸翠，上出重霄；飞阁流丹，下临无地"。碧瓦丹柱，画栋雕梁，飞檐翘角，高接云天，是登临赏景的最好去处。极目远眺，但见迤逦横翠的西山，风起云飞的南浦，翱翔上下的鸥鹭。凭栏俯望，江水浩浩，渔帆点点，洲渚片片，城郭万家。所以，历来赢得人们的向往，特别是"重九"之日，皆欲登临游观，以一睹"落霞与孤鹜齐飞，秋水共长天一色"的美景为快事。凭登古阁，四时咸宜。春夏秋冬，各有特色；风晴雨雪，各有情趣；贵贱贤愚，各有感受。

暗层陈列

自唐以来，登阁观赏的人士不计其数，上至皇帝，下至布衣；有的慕名而来，有的宦游而来。登临即席挥毫者有之，登临而归后咏诵者有之，梦游登临者有之，长忆登临者有之。好景好诗，名人名篇，不胜枚举。

二、文人雅集的胜地。自有王勃作序后，别是人间翰墨场。滕王阁的自然美与人文美，堪称合璧。初唐阎都督盛会后，历朝的官绅、文士常以此阁作为雅集之地。无论是真正的博雅君子，或是附庸风雅的俗客，应该说对这座江南名楼都有程度不同的兴趣，这也体现了自然与人文的感染力。他们或三五相邀，或结社集会，或无定期，或有定约，凭登杰阁，把酒临风，相与酬唱应和，视雅集滕王阁为人生中一大快事。唐代王勃、杜牧、白居易等诗人留下了雅集之诗，宋代诗僧惠洪、诗人戴复古留下了雅集之诗，值得一提的是大词人辛弃疾谷雨时特邀诗侣雅集高阁唱和。明代，南

六楼九重天古戏台

57

滕王阁

昌的经济、文化一度繁荣，书院不少，文人结社之风颇盛行，以滕王阁为轴心的文化活动很频繁，尤以明末为盛，雅结"滕王阁社"，相约一月一聚，并将诗文结集付梓。清代关于雅集的记载就更多了。

三、歌舞宴乐的殿堂。"滕王阁中春绮开，柘枝蛮鼓殷晴雷"（唐·杜牧诗句），"滕王阁上唱伊州"（唐·李涉诗句）。唐代，是我国封建社会的鼎盛时期，文学艺术空前繁荣，中外文化大交流，各民族文化大融合。滕王李元婴正是成长生活在这一多彩多姿的历史时期，在宫廷艺术的熏陶影响下，他具有一定的学识，"工书画，妙音律"、"喜蝴蝶，选芳渚游，乘青雀舸，极亭榭歌舞之盛"（明·陈文烛语）。永徽年间，李元婴调任洪州都督时，为了歌舞游宴之需，创建了滕王阁。当时，他把宫廷艺术及被汉族吸收融化的蕃乐胡舞，从中原带到了江西，客观上推动和繁荣了赣文化。自唐以后，滕王阁上歌舞宴乐不绝，尤其值得一提的是，明万历年间，戏剧家汤显祖曾在阁中展演其大作《牡丹亭》。滕王李元婴首倡，历唐、宋、

滕阁临江图

穿路亭

元、明、清五个朝代，流风不断，无怪乎自古就有人将滕王阁称之为歌舞宴乐的殿堂。

四、迎来送往的驿馆。"清秋霁晓豫章城，滕阁留欢送客情"（明·陈冠诗句）。这两句诗也确实道出了滕王阁是豫章城中一处迎来送往的理想之所，是不称驿馆的"驿馆"。滕王阁得临观之美，且人文荟萃，人所共知。古时，交通以水运为主，滕王阁所处的位置，正是豫章古城章江门外的近港之处。民谣云："接官接府新江门"、"吹吹打打章江门"。章江门，古称昌门，是由水路入城的门户。章江门外是古港口，有接待官员的章江驿。章江驿与滕王阁毗邻，故迎来送往大都在临观之美的滕王阁。宴客饯别，迎宾洗尘，主效阎公，客慕王郎，能在名阁上迎送宾客，宾主双方也都感

到十分荣耀。历朝迎送频繁，佳话不少，留题甚多。

　　五、拜迎诏诰的礼厅。"章江江上有楼台，起绝间阎实壮哉！是逛星槎云外至，每迎天诏日边来……"这四句诗，是明代诗人兼画家的高旭咏诵"西江第一楼"七律的前四句，道出了滕王阁作为迎拜诏诰之所的特有功能。这种功能，始于明代。明正统初年，滕王阁因其基础受大水的冲击，江岸崩塌，渐渐沦陷于江。江西左布政史吴润于是在阁之遗址修筑了一座"迎恩亭"，作为"迎拜制诏之所"。李奎在《西江第一楼记》中写道："凡恩诏南颁，迎候于此；使节往返，饮饯于此。"刘俨《西江第一楼记》中也写道："凡朝廷恩命之下江西，首于此拜受，而后颁于郡县。"这些规矩，此后一直沿用至清代。民国肇始，南浔铁路建成通车，官员走水路的也少

文天祥　　　　　　　　　　　　　　　　　　　　谢叠山

了，接官亭也开始冷落凋敝，最后成了吊古之所，成了市民游憩追凉之所。

六、祭拜先贤的祠坛。

"高阁重修侈旧规，二贤秩祀展新仪"，这是明代文学家陈洪谟所作《滕王阁新成兼祀二忠十首》中第二首中的两句诗。明嘉靖五年（1526）秋季，都御史陈洪谟出任江

文天祥

西巡抚，见滕王阁已残破不堪，"遂撤其旧而重新之"。重建工程始于嘉靖五年于秋，落成于次年仲春。据罗钦顺《重建滕王阁记》，"阁凡七间，高

谢叠山文郎公文集

四十有二尺，视旧有加。堂凡五间，大门前峙，其壮皆与阁称。阁之后为堂三间，以祠文文山、谢叠山二公，名曰'二忠祠'，盖以义起者也。自大门以达于祠下，左右各有庑廊，以次相承为间，通计三十有二。祠有垣，以严其限，中垣为门，以时启闭。"从此，滕王阁内便有了祭祀先贤的祠堂了。

# 新阁丰姿

　　自1926年的北伐战争这座名阁化为焦土后，非但豫章之民思盼重见新阁，凡读过王勃《滕王阁序》的人也莫不心驰神往、情系名楼。乱世废，治世兴，经历了半个多世纪的风风雨雨，这座久废未兴、盛誉不衰的"西

滕王阁落成庆典图

江第一楼"，终于在20世纪80年代末重新拔地而起，屹立江南。新阁巍峨，层楼耸碧，其辉煌壮观的宏伟之姿，远胜前朝。

重建之阁，坐落于城区之西的沿江大道中段，叠山路口，赣江与抚河故道汇合之处。为建新阁，结合水利防洪工程，填江面积达4.3公顷。新阁高峙在这块原是河床的人造洲陆之上。此处距东侧唐代阁址仅百余米，离南端清代阁址约300米。高阁面城临江，濒临南浦，面对西山，西南水天相接处，南昌大桥依稀可见，其西北与八一大桥遥遥相望，与南昌港相毗连。新阁位置之佳，颇能体现王勃《滕王阁序》中的意境。登临送目者，若逢金秋，必可感受到当年王子安挥毫作序时的情怀。

主阁东立面

主阁东南角

夜景

主阁灯景

根据古建筑大师梁思成所绘草图重新设计的重建之阁，仿古而不泥古，是运用新材料、新技术建造的大型宋式古建筑，并非完全复原之作。无论从西面江上远观，或由东街近瞻，巍巍滕王阁有如一座倚天而立的"山"字。倘若从空中俯瞰，您定会惊异地发现：滕王阁坐落之处，好像是一块巨大的古磬，而主体建筑宛似一只鲲鹏，一只平展两翅、意欲凌波西飞而去的巨大鲲鹏。那正西

北观主阁

东抱厦之一

首正脊上高大的龙形吻头，正像是它的巨喙；那碧色琉璃灿烂的屋顶，正像是它庞然的巨背；那舒展的南北延伸的一层台座，正像是它的巨翼；那一层台座上对称的碧瓦长廊、南北端双亭，正像是它闪光的灵翮及翅尖；而东面两路合为一路的大台阶，则恰似鹏鸟的巨尾。这种绝妙的平面和立面效果，正体现了建筑师的匠心。

新阁胜古楼。从以往的记载及画图中我们得知，唐代之阁自地面至屋脊，最高也不过九丈（约 27 米），层次不过三层。而今日重建的滕王阁，无论从平面、立面、高度、体量以及结构，都远远超过了前代。新阁，南北长 140 米，东西宽 80 米，中央主楼净高 57.5 米（上下九层），整个建筑面积约 13000 平方米。若与黄鹤楼相比，其高度超出 6.5 米，体量是其 3 倍。

东抱厦之二

这座四重檐、歇山式大屋顶的主体建筑，坐西朝东（偏南16°），南北对称，耸立于高台之上，平面呈十字形；从立面上看，东西各异，南北相同；其南北两翼为两层高台所簇拥，第一层高台上在南北两端各建一重檐方亭，南曰"压江"，北曰"挹翠"，均有游廊与主体相连，高下曲折有致，对主体起烘托作用，充分体现了唐宋之阁在高丘和城墙之上，"层台耸翠"、"高阁连城"的壮观景象。高台按宋式设计成城墙式样，墙体收分10%，建成后达到预想效果，可谓"堂皇之峻"、"至者观骇"。东西设广场，有大踏步拾级而上至一层高台，高台下部有水池穿越大踏步拱洞而南北贯流。楼阁云影，倒映池中，益然成趣。由此再拾级而上至二层高台，然后登阁，有超然出尘之感。

滕王阁主体建筑，其立面造型严格遵循宋代楼阁之制，将其分为四段。

北挟屋

第一段是下部台座，为须弥座栏杆；第二段为底层抱厦、回廊及南、北面顶高低廊侧门；第三段为中部两层平坐及回廊；第四段为顶部重檐。整个造型既严谨又生动，没有宫殿的沉闷，也没有民间园林建筑的琐碎，保留着唐宋时代那种雄伟、瑰丽、典雅的建筑风格。屋面的构成富于变化，极为丰富。以该阁核心正方形殿堂之歇山重檐（宋称"九脊顶"）与西部龟首之歇山重檐屋面相接而组成主屋面。南北挟屋之单檐歇山屋面由两侧入二层大檐，出檐深远，檐角按宋式生出，檐椽及飞子在檐口斜出。瓦件、脊兽全部采用宜兴特产碧色琉璃，因唐宋多用此色。鸱吻为仿宋特制，高3.5米。特制瓦当，勾头为"滕阁秋风"四篆字，而滴水为"落霞与孤鹜"图案。

重建之阁，檐椽、斗栱为水泥预制，梁枋、立柱为钢筋混凝土现浇，均依宋法仿木质。上部重檐斗栱用六铺作单抄双下昂。下部单檐斗栱用五

檐口斗栱彩绘

铺作单抄单下昂。柱间及补间斗栱按宋制设置。外柱柱头有卷杀，内柱直通，梁枋均仿木卷杀。上下檐口造型古雅典丽，出檐深远（角梁伸出最远者达 5.8 米），施工极精致。檐部是中国建筑精华所在，古阁依宋法，有极强的艺术感染力。

梁思成 1901～1972

梁思成照

中国古楼阁的色彩是世界上独一无二的，强烈而华丽，统一在极有规律的基调中。其梁枋彩绘更是华彩之极，尤以宋式彩绘为最。滕王阁正是

渲染图

正吻戗脊

角梁下斗栱

内斗栱彩绘

栱心板彩绘

窗格

双门扇

裙板

花格圆门洞

采用宋式彩绘，以"碾玉装"为主调，辅以"五彩遍装"及"解绿结华装"。室内斗栱用"解绿结华装"突出大红基调，栱眼壁亦然，仅底色用乳黄色。室内外所有梁枋各明间用"碾玉装"，各次间及特殊梁枋则用"五彩遍装"。天花板每层图案各异，支条深绿色，大红井口线，十字口栀子花。椽子、望板均大红色，柱子油朱红色，雕花窗棂门扇为红木家具色，室外回廊平坐栏杆均油古铜色。

阁内顶层大厅中央，用288组小斗栱构成12层（每层24组）螺旋形内敛的藻井，彩绘用"碾玉装"并沥粉贴金，极辉煌壮观。因此层为第九层，特题匾为"九重天"。

这座巨阁，有大小立柱726根，横梁1114根，斗栱716组，各类椽子3632根，琉璃筒瓦计20余万块（盖瓦66550块，底瓦142175块），混

特制"滕阁秋风"瓦当　　特制"孤鹜"图案滴水

凝土量7500m³。通体内外宋式彩绘，层层落地雕花木质门窗，层层花岗石磨光地面，有现代化的水、电、通风、消防及电梯设施。重建之阁，诚然是一个宏伟的垂名百世的大工程。重建之新阁，获得了中国建筑业最高奖项——鲁班奖。

古建筑学家梁思成博士在《古建筑论》中写道："建筑是人类一切造型创造中最庞大、最复杂，也最耐久的一类，所以它代表的民族思想和艺术更显著，更多面，也更重要。"而重建的滕王阁，正是充分体现民族思想和艺术的大手笔，既是南昌文化古城的象征，也是中华民族文化的瑰宝。

搏风板悬鱼惹草

# 陈设集锦

　　历史上的滕王阁，为登临抒怀之处，接诏拜官之所，属"官建"、"官管"、"官用"的歌舞宴集之地，人文荟萃，有文化名楼的美誉。当今重建之阁，自当集古今之大成，将其建成一座自然景观与人文景观浑成一体的

压江亭

文化艺术殿堂。故新阁的内部陈设，既有历史文化的渊源，又充满着古城情趣和乡土气息，同时也充分体现出现代的文明。

　　循南北两道石级登临一级高台。一级高台的南北两翼，有碧瓦长廊。长廊北端为四角重檐"挹翠"亭，长廊南端为四角重檐"压江"亭。

主阁 B 层华夏圣旨博物馆

华夏圣旨博物馆内陈列

诰命圣旨箱

圣谕牌

　　由一级高台拾级而上，即达二级高台（象征城墙的台座）。这两级高台共有 89 级台阶，而新阁恰于 1989 年落成开放。二级高台下部即为滕王阁主阁 B 层大厅，为华夏圣旨博物馆。馆内东厅、南厅收藏着明清圣旨数十道，以及慈禧太后的懿旨和越南及日本国的圣旨。此外，厅内还陈列了有关科举考试较为详细的资料。另有清代进士、状元等书法楹联匾额 500

越南圣旨

百柱长廊

高低廊内彩绘

大台座单钩栏

余件以及雕刻精细的圣旨匾 10 余
件，明清龙袍及宫廷、官宦、民俗
诸多用品 1000 余件。圣旨馆中厅，
陈列了黄杨木雕唐、宋、元、明、
清滕王阁历代模型。此外，还陈列
了一座滕王阁铜制模型，又叫阁中
阁。北厅则陈列了一些出土文物，
悬挂了几十幅汉代画像石的巨幅拓
片。

二级高台与石作须弥座垫托的
主阁浑然一体。由高台登阁有三处

阁前"八怪"鼎

毛泽东手书楹联（王勃文句）

入口，正东登石级经抱厦入阁，南北两面则由高低廊入阁。正东抱厦前有青铜铸造的"八怪"宝鼎。

由东抱厦的正门入阁，门前红柱上悬挂着一幅4.5米长的不锈钢拱联："落霞与孤鹜齐飞，秋水共长天一色。"此乃毛泽东同志生前手笔。

走进大厅，扑入眼帘的是一幅汉白玉浮雕——《时来风送滕王阁》。这是根据明朝冯梦龙所著《醒世恒言》中的名篇《马当神风送滕王阁》的故事而创作的。浮雕主体部分，王勃昂首立于船头，周围波翻浪涌，表现王勃藉神力日趋700里赶赴洪都的英姿。

抱翠亭

一楼西厅是阁中最大厅堂，为唐朝衙署陈设。厅内左侧陈列有"銮驾"礼器，右侧陈列了编钟、编磬。西梁枋正中挂有"西江第一楼"金匾，厅内月柱上悬挂多副出自名家手笔的楹联。

第二层是一个暗层，采光和通风均靠人工解决。此层的陈设，体现的是"人杰"的主题。正厅的墙壁上，是大型丙烯壁画《人杰图》。画面上生动地描绘了自先秦至明末的江西历代名人。

进入西厅的门楣上，横挂"俊彩星驰"金匾，与《人杰图》浑然一体。西厅陈列有明清、民国时期许多与滕王阁相关的极有价值的文物，如青花瓷、瓷板画、木雕和砖雕等。

第三层是一个回廊四绕的明层，也是阁中一个重要层次。中厅屏壁有丙烯壁画《临川梦》，取材于汤显祖在滕王阁排演《牡丹亭》的故事。万

明一层西大厅内陈设

历二十七年（1600），汤显祖首次在滕王阁上排演了这出戏，开创了滕王阁上演戏曲之先河。

西大厅为"古宴厅"，西边梁枋挂一金匾，上书"临江一阁独秀"。东墙上有铜浮雕《唐伎乐图》，画面着力塑造了三位唐代舞伎，表演《霓裳羽衣舞》。铜浮雕之下，有春秋时代青铜器文物的复制品。

第四层与第二层从建筑上看是相似的，也是一个暗层。此层主要体现"地灵"的主题。正厅的墙壁上，是丙烯壁画《地灵图》，集中反映了江西名山大川自然景观的精华。画面从南往北依次是大庾岭梅关、弋阳圭峰、上饶三清山、鹰潭龙虎山、井冈山、庐山、鄱阳湖、石钟山等。西厅为《滕王阁古文献展》，主要展示历代滕王阁图片、《滕王阁诗文广存》等与滕王

汉白玉浮雕《时来风送滕王阁》

《人杰图》壁画

阁藏明清门楼砖刻

门楼楣额《时来风送滕王阁》局部

霁蓝瓶

青花枕

青花香炉

青花瓷壶

青花双口瓶

青花盘

《临川梦》壁画

明二层内陈设

阁有关的历史文献以及部分地方古文献资料。

第五层与第三层相似，也是一个回廊四绕的明层，是登高览胜、披襟抒怀、以文会友的最佳处。

东厅西墙上悬嵌了两幅大型陶瓷壁画（2.6米×2米），原画为已故江西当代著名山水画大师黄秋园先生所作。左边这幅名为《吹箫引凤图》，取材于东汉刘向所作《神仙传》，右边这幅是黄秋园先生临摹的五代画家关仝的《西山待渡图》。东厅两侧为"翰墨"、"丹青"二厅，是艺术家进行创作的极佳环境。

中厅正中屏壁上，镶嵌着用黄铜板制作的王勃《滕王阁序》碑，近10平方米，乃苏东坡手书，经复印放大，由工匠手工镌刻而成。

西厅东壁悬挂磨漆画《百蝶百花图》。选此题材，乃是根据滕王李元

《地灵图》壁画

黄秋园《吹箫引凤图》陶瓷壁画

黄秋园临摹五代画家关仝《西山待渡图》
陶瓷壁画

《百蝶百花图》（磨漆画）

婴爱蝶、绘蝶之雅事。据传李元婴擅画蝶，
自成一派，画界称为"滕派蝶画"。磨漆画
有"东方油画"之誉。

　　五楼是最高的明层。漫步回廊，眺望
四周，山水之美尽收眼底，四季之景不同，
游目四望，令人心旷神怡，流连忘返。

　　第六层是滕王阁的最高游览层。其东、
西重檐之间，高悬苏东坡手书"滕王阁"
金匾（2米×5米）各一块。

　　由台座之下的底层算起，这一层实为

明层回廊

凌霄古戏台

九重天藻井仰视

第八层，其上为第九层设备层，故大厅题匾"九重天"（篆书）。大厅中央，有汉白玉围栏通井，下可俯视第五层，其上方正对一圆穹形藻井，寓含天圆地方之意。24组斗栱由大到小，由下至上，共12层，按螺旋形排列（取意1年12个月、24个节气）。藻井中央悬挂精雕细刻的"母子"宫灯。随气流变化，宫灯不停地微微转动。

西厅称为"仿古展演厅"，是一座小型戏台。戏台上陈列有极为珍贵的古乐器复制件，深寓歌舞兴阁之意。

大厅南、北、东三面墙上，嵌有大型唐三彩壁画——《大唐舞乐》。南面为"龙墙"，以男性歌舞乐伎为主，画面以《破阵乐舞》为大框架。据《新唐书·礼乐志》记载：唐太宗李世民为秦王时，征伐四方，破叛将刘武周，军中遂有《秦王破阵乐》之曲流传。右边，两名胡人表演以跳跃动作为主

的《胡腾舞》。左边，两名舞者执剑舞蹈，表演的是《剑器舞》。画面中后部，舞者身披狮皮表演《五方狮子舞》。

北面为"凤墙"，以女性歌舞乐伎为主。画面以唐代著名宫廷乐舞《霓裳羽衣舞》为主体。左边，两名女童踩莲对舞，表演的是《柘枝舞》。画面中后部，两名舞伎在圆形地毯上快速轻盈地旋转，表演的是《胡旋舞》，整个舞蹈场面设置在满塘春水、绿荷粉芙蓉的水榭之上。旁有两只仙鹤，一左一右，上下翻飞，烘托了轻歌曼舞、飘飘欲仙的气氛。

滕王阁的陈设，有很高的文化层次，充分体现和展示了中华民族的文化精粹，同时也反映了豫章古代文明的特色。滕王阁，是一座名实相符的高雅的文化殿堂。

唐三彩《大唐乐舞》大型壁画

# 匾额精华

　　匾额楹联，是一种特殊的文化艺术形式，大凡宫廷建筑、古建、园林、民居民宅中都能见到，它起着特有的装饰作用，往往有画龙点睛之妙，是东方文化的独特结晶。滕王阁的诸多匾联，是滕王阁文化的奇葩，文字内容及书法艺术令人叹美，在江南园林中闪耀着异彩，是一笔珍贵的遗产。

　　滕王阁历经风雨沧桑，古往今来，凭吊登临的词客骚人有感而发，留下了难以胜数的诗词歌赋传世之作，也留下了许多字字珠玑的至今传诵的

滕王阁大匾

滕王阁大匾安装图

匾联奇文。匾额的出现较早，楹联的产生较晚，宋代以后才渐渐发展，直到明清时代则非常盛行，滕王阁也是如此。

现仅说说滕王阁的匾额。匾额少则两三字，多则四五字，五字以上的尚未发现。内容则不外乎建筑物题名及风景题名。唐代是否有匾额，史料有缺，不得而知，但据唐人韦悫《重建滕王阁记》中云"有巨阁称滕王者"，或许在当时"滕王阁"三字匾额就有。北宋以后，悬挂匾额则有文可证，从宋人范致虚所作的《记》，直到清末人的文章都曾提到，尤其是蔡士英的《重建滕王阁自记》中说得尤为详细。下面将古阁旧额及今阁新匾（包括附属建筑）抄录如下：

**旧额：**

滕王阁（唐·正阁外）

压江、挹翠（宋·南、北亭）

西江第一楼（明·正阁外）

迎恩馆（明·正阁外）

环漪阁（明·附属楼）

二忠祠（明·附属楼）

江湖廊庙（明·正阁内）

西江第一观（清·正阁门庭）

迎恩亭、御碑亭（清·亭）

水天空霁（清·正阁外，西）

栋宿浦云（清·正阁外，南）

朝来爽气（清·正阁外，北）

百花裀褥（清·正阁外，东）

江山入座（清·正阁内）

棨戟遥临（清·牌坊）

**新额：**

滕王阁（正阁大檐下，东、西两块）

东引瓯越（正阁三檐下）

南溟迥深（正阁三檐下）

西控蛮荆（正阁三檐下）

北辰高远（正阁三檐下）

江山入座（正阁二檐下）

栋宿浦云（正阁二檐下）

水天空霁（正阁二檐下）

朝来爽气（正阁二檐下）

瑰伟绝特（正阁一檐下）

下临无地（正阁一檐下）

襟江、带湖（正阁，南、北廊门）

压江、挹翠（正阁，南、北二亭）

西江第一楼（阁内一楼）

俊彩星驰（阁内二楼）

东引瓯越大匾

91

高朋满座（阁内三楼）

江南一阁独秀（阁内三楼）

雄峙（阁内四楼）

翰墨、丹青（阁内五楼）

九重天、凌霄（阁内六楼）

棨戟遥临、美尽东南（南牌坊）

雄州雾列、地接衡庐、星分翼轸（东街）

胜友如云、千里逢迎（东小门，已拆）

物换星移、闲云潭影（东小门，已拆）

滕阁秋风（东街大牌坊）

胜友如云（东街大牌坊）

时来运转（千禧钟亭）

物换星移（千禧钟亭）

华夏圣旨博物馆

千里逢迎（贵宾厅）

俊彩星驰（名人厅）

俯畅园

愿月亭

思贤楼

八音和鸣（演出厅门）

唐风宋韵（演出厅内）

彩彻云衢（假山）

南溟迥深大匾

西控蛮荆大匾

北辰高远大匾

江山入座大匾

栋宿浦云大匾

水天空霁大匾

朝来爽气大匾

下临无地大匾

瑰伟绝特大匾

襟江匾额

带湖匾额

东大牌坊匾额——滕阁秋风

东大牌坊匾额——胜友如云

# 园区掠影

历代滕王阁，都不是一座孤立无伴的临江高楼，而是一处以主阁为中心的园林建筑群，这只要读一读自唐至清的"重建"、"重修"的记文就清楚了。当代重建，以古为鉴，并根据时代发展的需要，进行了全面的规划，综合配套，附属建筑逐步完善，真正起到了烘云托月的作用。

自 1989 年 10 月 8 日主阁竣工开放后，直到 1996 年年底，7年间，完成了阁西临江广场、阁东过街立体交叉广场的建筑，完成了周边东仿古街、南仿古街以及北园"俯畅园"的建设。结合

"时来运转"钟亭

华夏楹联擂台

东门牌楼

南门汉白玉石牌坊南面

东街

北街

仿古街的建设，在榕门路口，主阁的东西向中轴线上，建起一座二柱七楼仿古牌楼，作为东大门。2002年以后，又在阁东大广场的周边增建了"时来运转"千禧钟亭，增建了"华夏楹联擂台"等。

滕王阁景区、园内看点颇多，值得玩味之处随处可见。园中，既有动观之景，又有静观之景，可谓美不胜收。现简述如下：

东大门牌楼、东仿古街、北仿古街。

南大门牌坊。

杜甫诗碑，镌刻有唐代诗圣杜甫怀念初唐四杰王勃等的诗作。

戏为六绝句之一　唐·杜甫

王杨卢骆当时体，轻薄为文哂未休。

乐曹身与名俱灭，不废江河万古流。

杜甫诗碑

杜牧诗碑，镌刻有唐代诗人杜牧怀念昔日游览钟陵（南昌）滕王阁的诗作。

怀钟陵旧游　唐·杜牧

滕阁中春绮席开，柘枝蛮鼓殷晴雷。

垂楼万幕青云合，破浪千帆阵马来。

南街

杜牧诗碑

俯畅园之一

俯畅园之二

俯畅园曲桥及穿路亭

国家重点风景名胜区徽标立石

国家 4A 级旅游区（点）徽标立石

北园

未掘双龙牛斗气，高悬一榻栋梁材。

连巴控越知何事，珠翠沉檀处处催。

滕王阁景区的园林建筑独具特色，北园"俯畅园"颇具动中取静的观赏效果。

在滕王阁的园林建筑群中，思贤楼、愿月亭、盆景园、闲潭石亭、《滕王阁序》印谱长廊等亦为游人驻足流连之处。

散落在园区中的十二生肖锻铜雕塑，选型别致、个性鲜明、栩栩如生，令人赏心悦目。

愿月亭

闲潭亭

思贤楼

盆景园

十二生肖铜塑

# 诗词精选

## 滕王阁诗序

唐·王勃

　　南昌故郡，洪都新府，星分翼轸，地接衡庐，襟三江而带五湖，控蛮荆而引瓯越。物华天宝，龙光射斗牛之墟；人杰地灵，徐孺下陈蕃之榻。雄州雾列，俊彩星驰，台隍枕夷夏之交，宾主尽东南之美。都督阎公之雅望，棨戟遥临；宇文新州之懿范，襜帷暂住。十旬休暇，胜友如云；千里逢迎，高朋满座。腾蛟起凤，孟学士之词宗；紫电清霜，王将军之武库。家君作宰，路出名区；童子何知，躬逢胜饯。

　　时惟九月，序属三秋。潦（lǎo）水尽而寒潭清，烟光凝而暮山紫。俨骖（cān）騑（fēi）于上路，访风景于崇阿；临帝子之长洲，得仙人之旧馆。层峦耸翠，上出重霄；飞阁流丹，下临无地。鹤汀凫渚，穷岛屿之

萦回；桂殿兰宫，列冈峦之体势。

被绣闼（tà），俯雕甍（méng），山原旷其盈视，川泽盱（xū）其骇瞩。
闾阎扑地，钟鸣鼎食之家；舸舰迷津，青雀黄龙之轴。云销雨霁，彩彻云衢。
落霞与孤鹜齐飞，秋水共长天一色。渔舟唱晚，响穷彭蠡之滨；雁阵惊寒，
声断衡阳之浦。

遥吟俯畅，逸兴遄（chuán）飞。爽籁发而清风生，纤歌凝而白云遏。
睢园绿竹，气凌彭泽之樽；邺水朱华，光照临川之笔。四美具，二难并；
穷睇（dì）眄（miǎn）于中天，极娱游于暇日。天高地迥，觉宇宙之无穷；
兴尽悲来，识盈虚之有数。望长安于日下，指吴会于云间。地势极而南溟深，
天柱高而北辰远。关山难越，谁悲失路之人？萍水相逢，尽是他乡之客。
怀帝阍（hūn）而不见，奉宣室以何年？

嗟乎！时运不齐，命途多舛（chuǎn）；冯唐易老，李广难封。屈贾
谊于长沙，非无圣主；窜梁鸿于海曲，岂乏明时？所赖君子安贫，达人知
命。老当益壮，宁移白首之心？穷且益坚，不坠青云之志！酌贪泉而觉爽，
处涸辙以犹欢。北海虽赊，扶摇可接；东隅已逝，桑榆非晚。孟尝高洁，
空怀报国之心；阮籍猖狂，岂效穷途之哭！

勃，三尺微命，一介书生。无路请缨，等终军之弱冠；有怀投笔，慕
宗悫（què）之长风。舍簪笏（hù）于百龄，奉晨昏于万里；非谢家之宝
树，接孟氏之芳邻。他日趋庭，叨陪鲤对；今晨奉袂，喜托龙门。杨意不逢，
抚凌云而自惜；钟期既遇，奏流水以何惭？

呜乎！胜地不常，盛筵难再；兰亭已矣，梓泽丘墟。临别赠言，幸承
恩于伟饯；登高作赋，是所望于群公。敢竭鄙诚，恭疏短引；一言均赋，

四韵俱成。诗云：

滕王高阁临江渚，佩玉鸣鸾罢歌舞。

画栋朝飞南浦云，珠帘暮卷西山雨。

闲云潭影日悠悠，物换星移几度秋。

阁中帝子今何在？槛外长江空自流。

作者简介：王勃（648~675），字子安，祖籍太原祁县，移居绛州龙门（今山西河津），初唐著名文学家，其诗质朴清新，神俊恢弘，一扫齐梁以来淫靡衰颓的诗风。名句"海内存知己，天涯若比邻"即出自于他。著有《王子安集》。与杨炯、卢照邻、骆宾王并称"初唐四杰"。

# 江行杂诗

唐·钱起

忧怀念烟水，长恨隔龙沙。

今日滕王阁，分明见落霞。

作者简介：钱起（722~780），字仲文，吴兴（今浙江湖州市）人，中唐"大历十才子"之一。天宝十年（751）进士，曾任考功郎中、翰林学士等职。

有《钱考功集》传世。

# 钟陵饯送

## 唐·白居易

翠幕红筵高在云，歌声一曲万家闻。

路人指点滕王阁，看送忠州白使君。

作者简介：白居易（772~846），字乐天，晚号香山居士，唐代下邽（今陕西渭南县）人。贞元十六年（800）进士，历任校书郎、翰林学士、江州司马、忠州刺史、杭州刺史、苏州刺史、刑部尚书。有《白氏长庆集》。

# 重登滕王阁

## 唐·李涉

滕王阁上唱伊州，二十年前向此游。

半是半非君莫问，西山长在水长流。

作者简介：李涉，自号清溪子，洛阳人。早年与其弟李渤隐居庐山白鹿洞，唐宪宗时为太子通事舍人，后贬峡州（今湖北宜昌）司仓参军，起为太学博士，后流放康州（今广东德庆）。


# 怀钟陵旧游

唐·杜牧


滕阁中春绮席开，柘枝蛮鼓殷晴雷。

垂楼万幕青云合，破浪千帆阵马来。

未掘双龙牛斗气，高悬一榻栋梁材。

连巴控越知何事，珠翠沉檀处处催。


作者简介：杜牧（803~852），自牧之，晚唐京兆万年（今西安市）人，太和二年（828）进士，任监察御史，后为黄州、池州、湖州等州刺史，官中书舍人。诗风俊爽遒丽，与李商隐齐名，世称李杜，又称小杜。有《杜樊川集》。

# 滕王阁

唐·罗隐

水神有意怜才子，欻忽威灵助去程。

一席清风雷电疾，满碑佳句雪冰清。

焕然丽藻传千古，赫尔英名动两京。

若匪幽冥风送客，至今佳景绝无声。

作者简介：罗隐（833~909），字昭谏，晚唐余杭人，多次考进士未中。在湖南等地求职未成，归投钱镠。光启年间官钱塘令，有惠政，钱镠辟为从事，隐居不赴。朱全忠以谏议大夫召他不往。魏博、罗绍威表荐给事中。年77卒。著有《谗书》、《罗昭隐集》、《两同书》。

# 送关彦远赴江西

宋·曾巩

食蘖饮冰廉士操，敝衣穿履古人风。

溪堂兴足登临后，滕阁今归啸傲中。

一榻高悬宾阁峻，二龙俱化县池空。

因过胜境须行乐，驿召方当急诏东。

作者简介：曾巩（1019~1083），字子固，北宋南丰县人。嘉祐二年（1057）中进士，任太平州（治今安徽当涂县）司法参军。嘉祐五年（1060）为馆阁校勘，集贤校理，编校图籍。熙宁年间，任越州（今浙江绍兴市）通判。后历知齐、襄、洪、福、明、亳诸州，颇有政绩。元丰五年（1082）四月，拜中书舍人。次年在江宁病逝，回故乡南丰安葬，谥号"文定"。著有《元丰类稿》、《隆平集》。系"唐宋八大家"之一。

## 滕王阁

宋·王安石

白浪翻江无已时，陈蕃徐孺去何之？
愁来径上滕王阁，覆取文公一片碑。

作者简介：王安石（1021~1086），字介甫，号半山，北宋临川县人。年少时好读书，过目不忘。庆历二年（1042）进士，授签书淮南判官，后调任鄞县知县，继而任舒州通判。嘉祐二年（1057）改知常州，次年调任提点江东刑狱，旋迁三司度支判官。再任直集贤院。神宗即位后，任翰林学士兼侍讲。熙宁二年（1069）二月，任参知政事。次年任宰相，推行新法。

熙宁七年罢相，改任观文殿大学士，知宁江府。次年二月，复相位，撰《三经新义》。熙宁九年又罢相，改任镇南军节度使、同平章事、判江宁府。次年改任集禧观使，封舒国公。元丰二年（1079），再任左仆射、观文殿大学士，改封荆国公。为文刚劲雄健，论说透辟，为唐宋八大家之一。有《王荆公文集》等。

# 滕王阁感怀

### 宋·王安国

滕王平日好追游，高阁依然枕碧流。

胜地几经兴废事，夕阳偏照古今愁。

城中树密千家市，天际人归一叶舟。

极目烟波吟不尽，西山重叠乱云浮。

作者简介：王安国（1028~1074），字平甫，北宋临川县人，王安石二弟。熙宁元年（1068）中进士，任西京国子监教授，后任崇文院校书，改任秘书省校理，因受中允吕惠卿陷害，罢官归家。据吴曾《能改斋漫录》载，王安国13岁作此诗，知府张侯见而惊异，设宴张乐于阁上，以示庆贺。有《文集》60卷传世。

# 滕王阁春日晚眺

宋·潘兴嗣

重叠西屏对面开，巍城穹阁信雄哉！

眼看孤鹜云中没，坐见长江槛外来。

蛱蝶图成春未晚，柘枝筵动客多才。

休论今古兴亡事，时倒金樽醉一回。

作者简介：潘兴嗣，字延之，慎修之孙，号清逸居士，北宋新建县人，初调德化县尉，后归隐南昌城南，筑室著述。熙宁初年，召为筠州推官，辞不就。与王安石、曾巩、周敦颐等交往甚密。《宋诗记事》辑有诗4首。《宋文鉴》辑有文章6篇。著有《西山集》60卷及《诗话补遗》，已散佚。

# 题滕王阁

宋·苏辙

客从筠溪来，敧侧困一叶。忽观章贡馀，混漭天水接。

霜风出洲渚，草木见毫末。气奔西山浮，声动古城巘。

楼观却相倚，山川互开阖。心惊鱼鸟会，目送凫雁灭。

遥观客帆久，更悟江流阔。使君东鲁儒，府有徐孺塌。

高谈对宾旅，确论精到骨。馀思属洲山，登临寄遗堞。

骄王应笑滕，狂客亦怜勃。万钱罄一饭，千金买丰碣。

豪气相凌荡，俳语终仓卒。事往空长江，人来逐飞楫。

短篇竟芜陋，抱恨费弹压。但当倒瓶罂，一醉付江月。


作者简介：苏辙（1039~1112），字子由，晚号颍滨遗老，眉山县（在今四川峨眉山市）人，苏轼弟。嘉祐二年（1057）与轼同科中进士，熙宁间为河南府（指洛阳）留守推官。元丰二年（1079）因乌台诗案牵连，被贬监筠州（今江西高安市）盐酒税。后为秘书省校书郎，官至尚书右丞、门下侍郎。绍圣四年（1097）远谪化州别驾。徽宗即位，遇赦北归，寓居许昌颍水之滨。与父、兄合称"三苏"。为唐宋八大家之一。著有《栾城集》。


# 滕王阁

宋·刘敏求

阁中环佩知何处？游子再来春欲暮。

莺啼红树柳摇风，犹是当年旧歌舞。

古来兴废君莫嗟，君看红日西山斜。

西山不改旧颜色，换尽行人与落霞。

作者简介：刘敏求，字好古，号松菊老人，北宋泰和县人。所作《滕王阁》诗为黄庭坚再三称赏，并因此而知名于世。

## 登滕王阁

宋·洪炎

桃花浪打散花楼，南浦西山送客愁。

为理伊州十二叠，缓歌声里看洪州。

作者简介：洪炎（生卒年不详），字玉父，两宋之际建昌县（今江西永修县）人。早年向其舅黄庭坚学习诗法。元祐元年（1086）进士，历知湖北谷城、安徽颍上、谯县（今安徽亳县）。官司至著作郎、秘书少监。靖康之乱后，颠沛流离。建炎三年（1129），在南昌的故宅"倦壳轩"毁于兵事，故其诗有"南州一炬火，我归无所归"名。高宗初年，如为中书舍人。著有《尘外记》、《西渡集》。属江西诗派诗人，与其兄洪朋、洪刍，其弟洪羽均闻名于北宋诗坛，故人称"豫章四洪"。

# 滕王阁

宋·徐俯

一日因王造，千年与客游。

云边梅岭出，坐下赣江流。

日落回飞鸟，烟深失钓舟。

蝉鸣枯柳外，天地晚风秋。

作者简介：徐俯（1075~1140），字师川，自号东湖居士，两宋之际分宁（今江西修水县）人。13岁作《红梅》诗，得苏轼称赏。徽安即位，迁承议郎。他不事权奸，作《猛虎行》以讥之，辞官而去。建炎初年，高宗召为谏议大夫。绍兴二年（1132），赐进士出身，迁翰林学士，擢端明殿学士兼权参知政事，因与参政赵鼎议论不合而离职。绍兴九年（1139）知信州（今上饶），次年以疾卒。工诗。幼得其舅黄庭坚教诲，受其影响，主张"作诗自立意，不可蹈袭前人"，"立意"须"对景能赋"。在南昌东湖旁建有"东湖居士宅"，名其集为《东湖居士诗集》。

# 和秀野刘丈寄示南昌诸诗

宋·朱熹

滕王阁下水初生，闻道登临复快晴。

帝子岂知陈迹在，长江肯趁曲池平。

山楹雨罢珠帘卷，檐铎风惊玉佩鸣。

满眼悲秋今古恨，人生辛苦竟何成。

作者简介：朱熹（1130~1200），字元晦，又字仲晦，号晦庵，别号紫阳，婺源县人，生于南剑州（治今福建尤溪县），绍兴十八年（1148）登进士，历任泉州同安县主簿、南康知军、提举江西常平茶盐公事、直秘阁、江西提刑、秘阁修撰、江东转运使、漳州知府、湖南转运副使、潭州知府、焕章阁侍讲。嘉定二年（1209）谥文公。学问渊博，广注典籍。理学集大成者，著有《四书集注》、《诗集传》、《楚辞集注》、《太极图解说》、《通书解》、《西铭解义》、《通鉴纲目》。

# 登滕王阁

宋·徐照

重重楼阁倚江干，岸草汀烟远近间。

春水生时都是水，西山青外别无山。

云归长若真人在，风过犹疑帝子还。

自古舟船城下泊，几人来此望乡关。

作者简介：徐照（？～1211），字道晖，一字灵晖，自号山民，南宋永嘉（今浙江温州）人。生平未仕。诗风清新纤秀，与赵师秀、翁卷、徐玑合称"永嘉四灵"。有《芳兰轩集》。

# 贺新郎·赋滕王阁

宋·辛弃疾

高阁临江渚，访层城，空馀旧迹，黯然怀古。画栋珠帘当日事，不见朝云暮雨，但遗意西山南浦。天宇修眉浮新绿，映悠悠潭影长如故。空又恨，奈何许。

王郎健笔夸翘楚，到如今，落霞孤鹜，竞传佳句。物换星移知几度？

梦想珠帘歌舞。为徙倚、阑干凝伫。目断平芜苍波晚，快江风一瞬澄襟暑。谁共饮？有诗侣。

作者简介：辛弃疾（1140~1207），字幼安，号稼轩，山东历城（在今济南市）人。北方士民纷纷反金起义时，他在济南以南组织了2000余人队伍，率部南下归南宋。历任江阴金判、广德军通判、仓部员外郎。淳熙二年（1175）六月，任江南西路提点刑狱公事，后调任湖南转运使。淳熙八年（1181），知隆兴府（今南昌）兼江西安抚使。是年冬，被谏官王蔺弹劾而削职，退居带湖。开禧三年（1207），复为朝议大夫。八月患病，此年秋，金人以献韩侂胄首级作为南宋议和条件，韩侂胄起用辛弃疾为枢密院都承旨，准备再次对金用兵。但他病重在床不能行，后葬于铅山县。辛弃疾是杰出的爱国词人，其词题材广泛，内容深厚，风格豪放雄浑而又沉郁悲愤，与苏轼并称"苏辛"。著有《稼轩长短句》。

# 滕王阁

宋·文天祥

五云窗户瞰沧浪，犹带唐人翰墨香。
日月四时黄道阔，江山一片画图长。
回风何处抟双雁，冻雨谁人驾独航？

回首十年此漂泊，阁前新柳已成行。

作者简介：文天祥（1236~1283），字宋瑞，又字履善，号文山，南宋末庐陵县（其故里现划归吉安市青原区）人。少时入白鹭洲书院就学。宝祐四年（1256）中状元，任承事郎、签书宁海军节度判官厅公事。知赣州时，元军南侵，文天祥在赣州率勤王军进驻临安（今杭州市）。任浙西江东制置使兼平江知府，升右丞相兼枢密使，奉命前往元营谈判被拘留。押往大都，途经镇江时逃脱，从海道南下至永嘉。拥立益王赵昰于福州，率兵收复江西州县多处。旋被元军所败，在广东海丰五坡岭被俘。被押送至大都（今北京），在柴市口就义。有《文山先生全集》。

# 滕王阁

### 宋·宗必经

高阁连城十二栏，西风领客共跻攀。

半檐烟雨长江外，千里湖山咫尺间。

雁带秋声归别浦，莺分春色过巴山。

当年蛱蝶知谁画，一梦庄周去不还。

作者简介：宗必经，字子文，南宋南昌县人。与兄宗必应同登景定三年（1262）进士，知靖安县，后知万安县，转任瑞州（今江西高安）判官。与枢密使陈宜中不合，辞归故里。入元朝，应诏不仕，系狱 3 年始放回。著有《玉溪集》。

## 题滕王阁

元·虞集

豫章城上滕王阁，不见鸣鸾佩玉声。

惟有当时帘外月，夜深依旧照江城。

作者简介：虞集（1272~1348），字伯生，号邵庵，又号道园，崇仁县人，南宋丞相虞允文五世孙。大德六年（1302），经大臣推荐任大都路（今北京）儒学教授，后任国子助教，升博士。再为集贤院修撰。延祐六年（1319），任翰林院待制兼国史院编修官。泰定四年，拜翰林直学士、知制诰同修国史兼经筵官司，兼国子祭酒。后任奎章阁侍书学士。修撰《经世大典》，为总裁。因病辞归临川，为"元诗四大家"之一。

# 登豫章城忆滕王阁故基

明·杨基

豫章城郭楚江滨，帝子笙歌迥不闻。

十载以前犹有阁，三王之后岂无文？

春风南浦青青草，暮雨西山淡淡云。

若对画图悲蛱蝶，落霞孤鹜正思君。

作者简介：杨基（1326~1378），字阵载，号眉庵，原籍四川乐山县，生长吴中。元末入江西行省幕府，明初任山西按察使。是明初名诗人，与高启、张羽、徐贺并称"吴中四杰"。著有《眉庵集》。

# 滕阁秋风

明·胡俨

帝子何年云？城头高阁闲。

秋风起南浦，夕照在西山。

萧瑟青苹末，凄凉红蓼间。

酒阑歌舞散，吹送彩去还。

作者简介：胡俨（1361~1443），字若思，号颐庵，明初南昌人。少年刻苦好学，洪武二十四年（1391）以举人授华亭(今上海市松江县)教谕。永乐初荐入翰林，任国子祭酒。朝廷大著作，多出其手。洪熙初年，任太子宾客兼国子祭酒，致仕归南昌，期间修《南昌府志》。博览天文地理、律历医卜，工书画，精诗文。著有《颐庵集》。

## 滕阁秋风

明·曾棨

岧峣高阁出洪州，佩玉鸣銮帝子游。

谩有文章传盛事，更无宾主宴清秋。

绮罗香逐浮云散，弦管声随逝水流。

莫向画图看蛱蝶，梦来何处问庄周？

作者简介：曾棨（1372~1432），字子棨，号西墅，明初永丰县人。永乐二年（1404）中进士第一，授翰林修撰。任《永乐大典》副总裁。永乐十二年，主考北京乡试。永乐十六年，主考礼部会试，升侍读学士。宣德元年（1426）升右春坊大学士，参与修撰太宗、仁宗两朝实录，著有《西墅集》10 卷、《巢睫集》5 卷。

# 登滕王阁

明·吴与弼

片舟南云急归程，江畔晴楼偶一行。

南浦西山俱在眼，微吟不尽古人情。

作者简介：吴与弼（1391~1469），初名梦祥，字子传，号康斋，明代崇仁县人。天资聪敏，19岁时读《伊洛渊源图》，遂舍弃科举，足不出户，研读《四书》、《五经》及洛闽学说著作。家境日贫，遂下田劳作。四方前来拜师求学者，拒收报酬。天顺二年（1458），被强行召至朝廷，委以左春坊左谕德一职，未久借病辞职回乡。其弟子众多，形成崇仁学派。清代黄宗羲著《明儒学案》，首列崇仁学案。著有《康斋集》12卷。

# 滕王阁

明·李梦阳

阳浦通新雾，阴城带古楼。

君王歌舞罢，栋雨白云留。

草色岁年换，客心江水流。

黄昏仍一望，灯火万家州。

作者简介：李梦阳（1472~1530），字献吉，号空同子，明代甘肃庆阳人，后迁居开封。弘治七年（1494）进士，授户部主事，迁郎中。初因榷税触怒权势，被捕入狱。释放后，应诏上书被诬陷入狱。武宗即位后复官。正德五年（1510），历任江西按察司副使、江西提学副使。期间，走遍江西山水，修复书院与县学，不遗余力。是明代诗坛"前七子"首领，有《空同子集》。

## 滕王阁

### 明·李东阳

滕王高阁罢崔嵬，谁筑西江第一台？
云雨不收歌舞地，文章空叹古今才。
丰城夜气闻龙起，彭蠡秋风送雁来。
几欲乘槎问牛斗，不知平地有三台。

作者简介：李东阳（1447~1516），字宾之，号西涯，明代湖南茶陵县人。天顺八年（1464）进士，历仕英、宪、孝、武宗四朝，官至吏部尚书、文渊阁大学士，武宗正德七年（1512）致仕。他是茶陵诗派领袖，提倡声调法度。著有《怀麓堂集》、《怀麓堂诗话》等。

# 自题《落霞孤鹜图》

明·唐寅

画栋珠帘烟水中，落霞孤鹜渺无踪。

千年想见王南海，曾借龙王一阵风。

作者简介：唐寅（1470~1523），字伯虎，一字子畏，号六如居士，明代吴县（今江苏苏州）人。弘治十一年（1498）举应天府解元。后应进士试，因科场案而被革黜。秉性旷逸不羁。尝镌其章曰"江南第一风流才子"。擅长山水、人物画工笔，写意俱佳，画法沉郁，风骨奇峭。与沈周、文徵明、仇英并称明四家。诗文亦佳。著有《六如居士全集》。

# 登滕王阁

明·吴桂芳

君王歌舞处，危阁敞西风。

夕嶂连云翠，烟江落日红。

高文存大雅，丽藻见天工。

槛外孤霞起，争趋赋笔雄。

作者简介：吴桂芳（？~1578），字子实，新建县人。嘉靖二十三年（1544）进士，初任扬州（今属江苏）知府，因抗击倭寇有功，迁兵部右侍郎，提督两广军务，漕运总督，累官至工部尚书兼左都御史。有《师暇裒（pou音掊）言》12卷、《文集》16卷。

# 登滕王阁

明·徐渭

南浦雄州开水上，高台积翠绕天涯。

匡庐地远连秋树，荆楚山长入晚霞。

新阁不巢唐幕燕，暮林多下汉江鸦。

归船便取章江路，西去郊原日易斜。

作者简介：徐渭（1521~1593），字文清，后改字文长，别号青藤、天池、田水月等，明代山阴（今浙江绍兴市）人。天资聪颖，20岁考取山阴秀才，后来8次乡试未中。青年时"自负才略，好奇计，谈兵多中"。被兵部右侍郎兼佥都御史胡宗宪看中，招至浙、闽总督幕府，策划抗倭军事。后来胡宗宪被弹劾为严嵩同党而自杀，徐渭深受刺激，杀死其妻张氏，下牢狱。出狱后，四处游历，写诗作画。著有《徐文长全集》、《徐文长佚草》及杂剧《四声猿》、戏曲理论《南词叙录》。

# 滕王阁看《牡丹亭》二首

明·汤显祖

韵若笙箫气若丝，牡丹魂梦去来时。
河移客散江波起，不解销魂不遣知。

桦烛烟销泣绛纱，清微苦调脆残霞。
愁来一座更衣起，江树沉沉天汉斜。

作者简介：汤显祖（1550~1616），字义仍，号若士，亦号海若，又号清远道人，明代临川县人。两次考进士，因拒绝首辅张居正拉拢而落第。万历十一年（1583），张居正死后，始中进士。先后任南京太常寺博士、詹事府主簿和礼部祠祭司主事，万历十年，上《论辅臣科臣蔬》，批评朝政，被贬广东徐闻任典史。次年调任浙江遂昌知县，后弃官归故里。筑玉茗堂以创作。所作《牡丹亭还魂记》、《紫钗记》、《南柯记》、《邯郸记》四大传奇均由梦境构成，并称"临川四梦"。他是中国古代最著名的戏剧家，被誉为"东方的莎士比亚"。

# 滕王阁

清·钱谦益

雕阑朱槛俯南昌，万井风烟拥豫章。

五老过云依几席，九江雄雁接帆樯。

仙家铁柱凌灰劫，帝子珠帘送夕阳。

却忆道园灯火夜，隔篱呼酒说干将。

作者简介：钱谦益（1582~1664），字受之，号牧斋，晚号蒙叟，常熟（在今江苏）人，万历三十八年（1610）中进士第二名，授翰林院编修。以名隶东林党而遭劾罢官。崇祯元年（1628）起复，官至礼部侍郎。明亡，福王朱由崧建南明政权，任为礼部尚书。清兵南下，率先迎降，命以礼部

侍郎管秘书院事，充明史馆副总裁。未几乞归，后坐狱罪，放归后以著述自娱。为文博赡，工词章，尤长于诗，与吴伟业、龚鼎孳并称江左三大家，负盛名。著有《牧斋集》、《初名集》、《有学集》等。

# 闻滕王阁落成寄宋二牧仲

清·王士祯

中丞持节镇洪州，滕阁重开胜庾楼。

清簟疏帘过暮雨，隐囊纱帽对江鸥。

留来弭棹悲残劫，虚拟题诗到上头。

安得乘风渡彭蠡，与君吹笛坐沧州。

作者简介：王士祯（1634~1711），字子真，一字贻上，号阮亭，又号渔洋山人，清代新城（今山东恒台县）人。顺治年间进士，官至刑部尚书。论诗主神韵说，为当时诗坛领袖。著有《带经堂集》、《渔洋山人精华录》、《池北偶谈》、《居易录》。

# 滕王阁

清·孙中夏

江城天半起层楼，缓带从容揽翠裘。

词客追随清兴远，乘风吟动万山秋。

作者简介：孙中夏，清初安徽桐城人，诸生。

# 泊滕王阁感旧

清·袁枚

弱冠曾为王子安，滕王阁下倚栏干。

清风一席吹西粤，丹桂三秋折广寒。

海内文章传诵易，人生春梦再寻难。

谁知五十年前客，依旧长江槛外看。

作者简介：袁枚（1716~1798），字子才，号简斋，又号随园老人，清代浙江钱塘（今杭州）人。辞官后侨居江宁，筑园林于小仓山，号随园。创"性灵"说。诗风清新晓畅，是乾隆、嘉庆时期代表诗人之一，与赵翼、

蒋士铨合称为"乾隆三大家"。著有《小仓山房诗文集》、《随园诗话》、《子不语》。

# 竹枝词·南昌

清·姚鼐

城边江内出新洲，南北弯弯客缆舟。

莫上滕王阁前望，青天无地断江流。

作者简介：姚鼐（1732~1815），字姬传，一字梦谷，别号惜抱，室名惜抱轩，清代安徽桐城人。乾隆二十八年（1763）进士，授兵部主事，历任山东、湖南乡试主考官，官至刑部郎中、四库馆撰修。历主扬州梅花书院、安庆敷文书院、江南紫阳书院、江宁钟山书院 40 余年。是桐城文派代表人物之一，治学以经为主，兼及子史。著有《惜抱轩全集》、《古文辞类纂》。

# 泊舟滕王阁

清·张维屏

高阁俯长川，斜阳此泊船。

水天终古在，词赋几人传。

都督亦知己，江风原偶然。

我来成独立，乡思落霞边。

作者简介：张维屏（1780~1859），字子树，号松心子，清代番禺（今广州市）人。道光二年（1822）进士，先后任黄梅、广济知县，后知南康府（治星子县）。诗风清新自然，亦有反映三元里抗英的诗史名篇《三元里》。著有《松心诗集》、《松轩随笔》、《老渔闲话》。

# 忆滕王阁

清·尚镕

天下好山水，必有楼台收。山水与楼台，又须文字留。

黄鹤盘鄂渚，岳阳据巴丘。吾乡滕王阁，鼎足成千秋。

犹忆去年春，与友同嬉游。江声抱城走，山翠破空浮。

阁公虽不见，亦足祛繁忧。自到江湖来，外人客不休。

倘非子安序，此阁成荒陬。幸生佳丽区，登眺得自由。

连年客江汉，恐贻名迹羞。何当息劳筋，与友醉上头？

作者简介：尚镕（1785~1837），字乔客，一字宛甫，清代南昌县人。幼有神童之誉，工诗文，精史学，性情落拓不羁，人称"狂生"。曾与龚自珍相晤于上海，纵谈诗文。游历中州，先后主持河南汜水三山书院、许州聚星书院。52岁卒于河南唐县。著有《持雅堂诗文集》、《三家诗话》、《史记辨正》、《三国志辨微》。

# 滕王阁

## 清·黄爵滋

高阁几尊酒，长江一片云。

名公谁上客，童子竟能文。

章水波光合，丰城剑气分。

应馀岩穴士，徙倚对斜曛。

作者简介：黄爵滋（1793~1853），字德成，号树斋，清代江西宜黄人。道光三年（1823）进士，历任翰林院编修、御史、给事中、鸿胪寺卿、大理寺少卿、礼部侍郎。与林则徐、魏源等结"宣南诗社"。以直言敢谏著称，道光十八年（1838），最先上疏请朝廷下令严禁鸦片与英人通商，两赴福建视察，筹划海防，督促战备，力主抗英。有大臣弹劾他发难生事，咸丰帝疑而贬逐之。晚年回南昌，为经训书院山长。诗风雄健高古，力追汉唐。著有《仙屏书屋诗集》、《仙屏书屋文集》、《黄少司寇奏议》等。

# 后 记

这本图文并茂的《滕王阁》终于脱稿了，这本书属《中国历史文化名楼丛书》之一。

从唐代以来浩繁的滕王阁遗文中，从宋、元、明、清、近代以来的大量图片中，进行反复筛选、加工，提供给广大读者一本简洁但又较全面地反映名楼历史风貌和现状的书，确实颇费踌躇，亦甚惶恐。

在编撰的过程中，主要是根据笔者在主编《滕王阁古今图文集成》、《滕王阁旅游小丛书》及编著《滕王阁史话》时所搜集的一些资料，整理浓缩成书。值得一提的是，近年来，黄龙同志利用业余时间，拍摄了不少新阁丰姿的照片，也都精选入书了。

由于时间仓促，水平所限，不足之处在所难免，尚祈广大读者和专家们的批评和指正。

宗九奇

2010 年 9 月 9 日草于滕王阁